À MOTS DÉCOUVERTS
de Sylvain Lelièvre
est le cinq cent dixième ouvrage
publié chez
VLB ÉDITEUR
et le neuvième de la collection
«Chansons et monologues».

autres ouvrages parus dans la même collection

La Bolduc, SOIXANTE-DOUZE CHANSONS POPULAIRES,
　édition préparée et présentée par Philippe Laframboise
Clémence DesRochers, TOUT CLÉMENCE, tome I: 1957-1974
Claude Dubois, FRESQUE
Richard Desjardins, PAROLES DE CHANSONS
Lucien Francœur, ROCK DÉSIR
Plume Latraverse, CHANSONS POUR TOUTES SORTES DE MONDE
Michel Rheault, LES VOIES PARALLÈLES DE PAULINE JULIEN
Marcel Sabourin, CHANSONS

à paraître

Michel Rivard, édition préparée par Hélène Pedneault
Yvon Deschamps, VINGT-CINQ ANS DE MONOLOGUES
Claude Meunier, DING ET DONG
Clémence DesRochers, TOUT CLÉMENCE, tome II
Geneviève Paris, CHANSONS (titre provisoire)

À MOTS DÉCOUVERTS

du même auteur

Les trottoirs discontinus (poèmes), Québec, Éditions de l'Arc, 1969.
Chansons, Québec, Éditions de l'Arc, 1969.
Les sept portes (poèmes), Montréal, Nouvelles Éditions de l'Arc, 1972.
Entre écrire (poèmes et chansons), Montréal, Nouvelles Éditions de l'Arc, 1982.

Sylvain Lelièvre

À mots découverts

chansons

Préface de Jean Royer

vlb éditeur

VLB ÉDITEUR
Une division du groupe Ville-Marie Littérature
1010, rue de la Gauchetière Est
Montréal, Québec H2L 2N5
Tél.: (514) 523-1182
Télécopieur: (514) 282-7530

Photo de la couverture: André Panneton

Graphisme de la couverture: Michèle Cayer
Maquette de la couverture: Nancy Desrosiers

Mise en pages: Édiscript enr.

DISTRIBUTEURS EXCLUSIFS:

- Pour le Québec, le Canada et les États-Unis:
  LES MESSAGERIES ADP*
  955, rue Amherst, Montréal, Québec H2L 3K4
  Tél.: (514) 523-1182
  Télécopieur: (514) 361-4806
  * Filiale de Sogides ltée
- Pour la Belgique et le Luxembourg:
  PRESSES DE BELGIQUE S.A.
  Boulevard de l'Europe, 117, B-1301 Wavre
  Tél.: (10) 41-59-66
       (10) 41-78-50
  Télécopieur: (10) 41-20-24
- Pour la Suisse:
  TRANSAT S.A.
  Route des Jeunes, 4 Ter, C.P. 125, 1211 Genève 26
  Tél.: (41-22) 342-77-40
  Télécopieur: (41-22) 343-46-46
- Pour la France et les autres pays:
  INTER FORUM
  Immeuble ORSUD, 3-5, avenue Galliéni, 94251 Gentilly Cédex
  Tél.: (1) 47.40.66.07
  Télécopieur: (1) 47.40.63.66
  Commandes: Tél.: (16) 38.32.71.00
             Télécopieur: (16) 38.32.71.28
             Télex: 780372

© VLB ÉDITEUR et Sylvain Lelièvre, 1994
Dépôt légal — 2e trimestre 1994
Bibliothèque nationale du Québec
ISBN 2-89005-579-5

PRÉFACE

Sylvain Lelièvre, écrivain de la chanson

Des «amours anciennes» aux «amants de Sarajevo», Sylvain Lelièvre s'est fait depuis trente ans l'écrivain de notre monde, et ses chansons composent le blues contemporain de l'amour et de la révolte, de la colère et de la tendresse. Chez lui, le poétique est aussi politique et la vie collective concerne l'individu.

Sylvain Lelièvre, que Gilles Vigneault considère comme un fils spirituel, est l'aîné de Michel Rivard, Plume Latraverse et Richard Desjardins; il est aussi un descendant de Rutebeuf et Ferré, de Félix et Brassens, de Brel et Jacques Blanchet. Il compte parmi ceux qui honorent le genre par la qualité de leur présence. Il est un écrivain de la chanson. Passionné de musique et de poésie, mais aussi d'humanité, il a exploré depuis trente ans les formes de la chanson jusqu'à traduire, de façon aussi juste que dissidente, l'histoire de notre temps. Voilà comment il réussit à nous émouvoir et à nous tenir debout avec lui devant le spectacle du monde.

Quand je l'ai connu, au début des années soixante, Sylvain Lelièvre voulait devenir architecte. Puis son *destin l'a conduit à la faculté des lettres. J'admirais mon jeune ami pour son intelligence de mathématicien et sa sensibilité de musicien. Il apprenait avec passion les lois de l'harmonie musicale, à l'écoute de Bach et de Mozart, mais aussi de Coltrane et de Gershwin.*

Sylvain faisait de l'art comme on entre dans la vie: avec un goût de la perfection qu'il ne perdra jamais. Il avait un talent immense et il a choisi de le développer en chansons. Une à une, les mélodies de son rapport au monde, les paroles de ses rêves ont rejoint notre propre désir d'habiter la planète un peu mieux.

« En composant des chansons, dit-il aujourd'hui, j'ai le sentiment de faire un métier d'écrivain. Je ne cherche pas à mettre de la musique sur l'air du temps. Comme un écrivain qui se respecte, je vais aussi loin que possible au-dedans de moi, et c'est là que je trouve ce que j'ai en commun avec les autres[1]. »

Au fil des ans et des refrains, la chanson d'inspiration littéraire de Sylvain Lelièvre est devenue littérature à part entière et personnelle. Sa chanson a pris du mordant et des accents inédits. Elle s'est incarnée dans les mots de la douleur réelle et de la continuité de l'amour, de l'enfance à la mort. La tendresse a pris possession peu à peu de l'univers du poète. La vie de Sylvain Lelièvre s'est faite aussi dans des chansons qui explorent le sentiment de vivre dans toute son ampleur. Le poète du quotidien a des préoccupations sociales. Au Blues pour Éric succédera en écho Place T'ien an Men. Les chansons sur des moments de bonheur ne feront pas oublier la responsabilité personnelle et la conscience sociale de l'homme. Devant la splendeur de la mer ou le merveilleux monde de l'enfance, le poète n'oubliera pas les douleurs des enfants du Brésil, du

---

1. *Le Soleil*, 9 octobre 1993.

Sahel, de la Palestine ou de l'Afrique du Sud. De même, la solitude absolue de l'adolescence et les nécessités d'une conscience écologique, tout comme le respect des droits de l'homme et le sens de la liberté, font les chansons d'un Sylvain Lelièvre parfois même pamphlétaire ou tout au moins sans compromis avec les différents systèmes de propagation de la mort.

Certes, Sylvain Lelièvre ne vous cassera pas les oreilles de sa musique ni ne vous lancera de mots obcènes. Sa voix est celle d'un homme qui veut chanter et envelopper notre âme en douce, en profondeur. Ses chansons nous arrivent comme des lettres d'amitié qui racontent les violences du monde sans les mimer, qui expriment notre temps pour le sauver de la catastrophe, qui chantent pour ne plus déchanter.

Enfant de Limoilou mais citoyen de la planète, Lelièvre regarde le Québec avec autant d'exigence qu'il peut en avoir pour lui-même. Des chansons comme Drôle de pays *et* Tu vas voter *sont d'un poète engagé envers l'avenir de ses compatriotes. En cela, Sylvain Lelièvre est fidèle à ses aînés, Félix Leclerc et Gilles Vigneault. Mais encore, il pousse la réflexion jusqu'à sa présence de poète indépendant et libre des contraintes des commerçants. Des chansons comme* Le chanteur indigène, Lettre de Toronto, Le tricot, Je flâne en chemin *nous font entendre un artisan constamment préoccupé de son métier. «J'y mets tout le soin que je peux / Avant que le vent ne m'emporte», écrit-il. Gilles Vigneault, son premier éditeur, a bien pu dire, pour souligner les trente ans de métier de son cadet, qu'il aurait «aimé signer les chansons de Sylvain Lelièvre», après avoir entendu* Pantalon gris et veston bleu:

Dans la maison y a mon piano
– Mon premier baiser, mon dernier naufrage –
Où sur l'ancien métier des mots
Quelque chanson dort à l'ouvrage...

À l'époque du clip *et du* fastfood, *ce langage va contre tous les autres langages. C'est celui du poète. Lui qui prend le temps de vivre et de rêver, le temps de sa conscience et de sa colère. Car le poète est un artisan du langage personnel. Il ne va pas se laisser engouffrer dans les modes. Il va se tenir dans la marge. Il va faire bande à part pour rester lui-même. Il va refuser de vendre son âme afin de garder sa voix.*

Cette voix unique de Sylvain Lelièvre s'élève parmi celle des poètes, des musiciens et des artistes qui nous touchent de tout temps. Ainsi Lelièvre est devenu un classique de notre époque. D'ailleurs, son univers poétique ne se propose pas en exil. Au contraire. Il évoque les cultures avec un bonheur évident. Dans les textes de l'auteur de Toi l'ami, *on rencontre des artistes inoubliables: Félix, Mozart ou Coltrane, mais aussi Chaplin et Gershwin, Rimbaud, Miron et Pachelbel, les Rolling Stones, Elvis et, bien sûr, les Beatles habitent ses chansons. En somme, la culture s'impose comme un thème fondamental de l'univers de Sylvain Lelièvre. La culture comme la pensée du monde. La culture comme la chanson de la mémoire et du désir de vivre. La culture comme destin.*

En écrivant ses chansons, Sylvain Lelièvre nous propose un monde enfin habitable.

JEAN ROYER

à Monique

*O*n trouvera ici réunies les paroles de toutes les chansons que j'ai enregistrées sur disque compact ou 30 cm, augmentées de quelques autres qui me revenaient naturellement en mémoire sans trop de la la la..., et sans qu'il fût besoin d'opérer des fouilles archéologiques dans mes propres cartons.

En règle générale, j'ai choisi de ne pas retenir les chansons écrites sur commande, notamment pour des comédies musicales, pour d'autres interprètes ou en collaboration avec d'autres paroliers. J'ai préféré laisser passer quelques «erreurs de jeunesse» composées pour moi tout seul, au temps joli de l'école buissonnière.

Sauf indication contraire, la musique est de moi.

Il m'a paru prudent de dater mes textes: s'il semble au lecteur que certaines chansons datent, du moins saura-t-il de quand.

SYLVAIN LELIÈVRE

Les amours anciennes

J'ai la nostalgie des amours anciennes
Aux parfums d'été habillés de vous
Vous étiez dimanche au cœur des semaines
Vous étiez dimanche et l'air était doux
Que sont devenues les saisons anciennes
Aux parfums d'été habillés de vous
Le temps est perdu qui est temps de peine
Le temps est perdu qui est loin de vous

À tuer mes jours d'aussi longue absence
Vous dûtes vieillir en tristes atours
Ne reste-t-il pas le soir d'une chance
Ne reste-t-il pas quelque carrefour
Qu'elles étaient folles nos promenades
Au fond des ruisseaux et des océans
Vous rappelez-vous nos mille noyades
Vous rappelez-vous ces lumineux chants

Que sont devenues les amours anciennes
Aux parfums d'été habillés de vous
Le temps est fané qui est mort de peine
Le temps est fané qui est mort de vous
Ce ne sont que jeux, que vaines images
Et je ne sais rien, rien du tout de vous
Ni votre prénom, ni votre visage
Et le temps a fui vers on ne sait où

1962

Avec une craie blanche

Avec une craie blanche au dos des trottoirs gris
Dessinent les enfants des tombes pour les feuilles
Et le vent vient levant se mêler à leurs cris
Mais ce sont nos vingt ans que les enfants défeuillent
Avec une craie blanche au dos des trottoirs gris

Je me fuis chaque jour mais jamais ne m'échappe
Et la vie me rattrape avec ses bras de plomb
C'est la voix d'un ami, non c'est un chien qui jappe
À déchirer la nuit, la mort dans les talons
Je me fuis chaque jour mais jamais ne m'échappe

Pendant qu'au loin la mer déroule ses amours
Les secrets les plus beaux n'ont point trouvé d'oreille
Les plus belles chansons sont encore loin du jour
Au ventre des pianos dans l'ombre elles sommeillent
Pendant qu'au loin la mer déroule ses amours

Nous sommes tous les deux plus seuls et plus ensemble
S'il faut aller plus loin je n'irai point sans toi
Sans toi je ne sais plus même à qui je ressemble
Il fait froid viens plus près la pluie crève le toit
Nous sommes tous les deux plus seuls et plus ensemble

Dans la brume qui pèse opaque à l'infini
Comme un phare s'allume et s'éteint l'espérance
C'est peut-être demain que tout sera fini
Mais nous repartirons pour crever le silence
Avec une craie blanche au dos des trottoirs gris

1964

Il pleut il neige

Il pleut il neige et les jours passent
J'attends je ne sais quoi j'attends
Je ne sais qui – au loin j'entends
Mozart – les trains fendent l'espace
Je me trompe c'est Stravinski
Il fait noir la tête s'embrouille
Et l'amour pourrit sous la rouille
Des machines couleur kaki

Tes enfants portent des guenilles
Mais tu vas cracher ton impôt
Bientôt on te prendra ta peau
Chante la cloche au campanile
Et toi tu as faim bien sûr mais
Tu n'es pas inscrit sur leurs fiches
Toi qui dessines des affiches
Ton nom ne s'y lira jamais

Et toi dans ta chaise roulante
Toi qui attends depuis vingt ans
La femme qui t'aimait pourtant
Pourquoi – comme la mort est lente
Et tout regarde le tombeau
En cette terre misérable
Le tracteur arrache l'érable
Où donc dormiront les corbeaux

On passe sans se reconnaître
On fait la guerre aux innocents
Harlem a couché dans le sang
Un homme a sauté la fenêtre
Non cet amour entre nos mains
N'a pas assez versé de larmes
Où sont les sonneries d'alarme
Et les clés d'or des lendemains

Ah! que la peur au moins nous ceigne
Dites à quel bout de mes doigts
Commencent vos doigts, si je dois
Saigner aussi lorsque tu saignes
Dites-moi mais rien ne va plus
Les jeux sont faits la roue se lasse
D'ennui au soleil sur la place
On fusille un autre Jésus

1964

Chanson du bord de l'eau

    Y a des poissons dans l'eau
    De l'eau dans la rivière
    Et ta main dans la mienne

Attachés l'un à l'autre et plus libres pourtant
Nous allons traversant larmes et cimetières
Le temps s'est fait plus doux qu'hiver et que printemps
Le temps s'est fait plus doux allons à la rivière

    Y a des poissons dans l'eau
    De l'eau dans la rivière
    Et ta main dans la mienne

Comme change la rive et reste le ruisseau
Toujours pareille à toi tu n'es jamais la même
Et chaque jour pourtant je t'épouse à nouveau
Et chaque jour pourtant c'est toujours toi que j'aime

    Y a des poissons dans l'eau
    De l'eau dans la rivière
    Et ta main dans la mienne

Coule jusqu'à la mer, coule à perte de bords
Nous n'aurons plus le temps de compter les semaines
Nous irons jusqu'au bout des rives de nos corps
Nous irons jusqu'au bout de nos amours humaines

    Y a des poissons dans l'eau
    De l'eau dans la rivière
    Et ta main dans la mienne

1965

Chanson d'hiver

Il neige tout sommeille
L'hiver oublie nos pas
Je reste si tu veilles
Ne m'abandonne pas

    Le vent dehors a tout glacé
    Oh! souviens-toi de la tendresse
    Au fond de nous chaque jour laisse
    Notre amour un peu plus blessé
    D'être plus fort que nos faiblesses

Il neige tout sommeille
L'hiver oublie nos pas
Je reste si tu veilles
Ne m'abandonne pas

    Je sais qu'au cœur de cet accord
    La mort et la vie nous comparent
    Tandis que nos lèvres s'égarent
    À briser le tremblant décor
    De ces deux corps qui nous séparent

Il neige tout sommeille
L'hiver oublie nos pas
Je reste si tu veilles
Ne m'abandonne pas

    Laisse le deuil à qui le veut
    Nous rirons à l'ombre des saules
    Ma vie commence où tu me frôles
    Comme à l'ombre de tes cheveux
    Cette chanson sur ton épaule

Je reste si tu veilles
Ne m'abandonne pas

1965

Toi l'ami

Toi l'ami dont jamais je ne saurai le nom
Toi mon frère inconnu, toi ma sœur anonyme
Toi qui vis dans le noir, toi l'obscur compagnon
Toi pour qui tant de fois j'ai retourné ma rime
Toi qui es là ce soir, qui entends ma chanson
Toi même qui jamais ne l'entendras peut-être
Qu'importe mais toi dont je ne sais rien, sinon
Que nous vivrons tous deux sans jamais nous connaître

La vie a ses façons de nous départager
J'aimerais bien parfois te raconter des choses
Comme on le fait le soir quand on est fatigué
Quand on a sa journée, qu'on a le cœur morose
Nous pourrions simplement nous asseoir et jaser
En écoutant Félix ou Mozart ou Coltrane
Quelque part vers minuit on se ferait du café
La veillée serait longue et courte la semaine

C'est à notre amitié que je chante aujourd'hui
C'est au vin que jamais nous ne boirons ensemble
Je chante à l'impossible et j'en pleure à demi
Mais sache au moins ce soir combien je te ressemble
Mais sache au moins ce soir tout ce qui nous unit
Sache que nous faisons un peu le même ouvrage
Et qu'à tout prendre, au fond, malgré tout ce qu'on vit
Pareilles sont nos joies, pareilles sont nos rages

Mais que tombent ce soir nos murs et nos parois
Et que pour un moment le cours du temps s'arrête
Ce soir c'est notre fête, allez tu viens chez moi
C'est le temps de fumer toutes nos cigarettes
Je veux te dire au moins que je marche avec toi
Et que tu n'es pas seul malgré tant de silence
Que par-dessus les mers, les villes et les toits
Se rejoignent nos mains à force d'espérance

1965

Le fleuve

Ça passe comme un rêve
Entre nos rives grises
Ça charrie comme un goût
D'aller chercher plus loin
C'est comme un peu du large
Écarté dans nos rues
Du large qu'on appelle
Et qu'on ne prend jamais

Le fleuve le fleuve

Des fois quand j'ai le cœur
Écœuré d'être en ville
Je viens le voir passer
Les pieds vissés à terre
Mais les yeux envolés
Vers l'est plus loin que l'île
Où l'horizon bascule
Et les rives se perdent

Le fleuve le fleuve

Avec le vent qu'il fait
Décoiffant les fumées
J'invente les tempêtes
Et les coups qu'il me manque
Comme avec les cargos
Qui sont tous étrangers
Je refais des bateaux
Qui nous appartiendraient

Le fleuve le fleuve

Et c'est un peu de moi
Et c'est beaucoup de nous
Qu'il emporte avec lui
Vers des marées d'ailleurs
Tandis que les oiseaux
S'attardent sur les quais
Je rentre une autre fois
Sans l'avoir vraiment vu

Le fleuve le fleuve

1966

Hiroshima

Ce n'était rien qu'un nom de ville
Sur une carte entre dix mille
Mais de la guerre on était las
Ce n'était rien qu'un coin de terre
Mais la carte était militaire
Et les crayons s'arrêtaient là
Hiroshima

Ce n'était qu'un jour de semaine
Le matin s'éveillait à peine
Les usines fumaient déjà
Ce n'était qu'un jour ordinaire
Les trams prenaient des fonctionnaires
Salut bonjour comment ça va
Hiroshima

Dans les rues dansaient les fillettes
Pour les enfants c'est toujours fête
Des gamins jouaient au soldat
Y avait aussi des chrysanthèmes
C'était l'heure où l'on dit je t'aime
À ce soir on se reverra
Hiroshima

J'entends quelque chose qui gronde
Non ce n'est pas la fin du monde
Ni les feux du Fuji-Yama
Non ce n'est pas l'Apocalypse
La ville va faire une éclipse
C'est la fête aux rayons gamma
Hiroshima

Un jour en ouvrant ma fenêtre
C'est drôle j'ai cru reconnaître
Dans ma rue tout ce monde-là
Les enfants et les fonctionnaires
Il est tant de jours ordinaires
Et les cartes sont toujours là

1966

Quand je pense aux enfants

Quand je pense aux enfants qui naissent
Et qui seront notre jeunesse
Quand nous aurons les cheveux gris
Je pense aux miens je pense aux vôtres
Et j'imagine aussi les autres
J'entends leurs rondes et leurs cris
Ceux de l'Inde et de l'Amérique
Ceux de la Chine et de l'Afrique
Je pense plus spécialement
À ceux qui jouent dans les cratères
Que les obus font dans la terre
Quand ils ne sont pas morts dedans

    Je me demande
    Dans quel monde ils vivront

Ce n'est pas pour eux que je chante
Leur innocence est trop touchante
Ils n'ont que faire de mes mots
C'est vous c'est moi que j'interroge
C'est la part de nous qui déroge
À leurs regards qui sont si beaux
Si confiants qu'ils nous interpellent
Si espérants qu'ils nous appellent
Quand nos espoirs tournent en rond
Quand nous leur enseignons des routes
Dont nous connaissons la déroute
Et je pense qu'ils le sauront

    Je me demande
    Dans quel monde ils vivront

Je n'accuse rien ni personne
Mais leurs rires dans moi résonnent
Plus forts que toutes nos raisons
Tous nos canons tous nos systèmes
Tous nos slogans tous nos grands thèmes
Et je dis qu'ils refuseront
Ce monde triste que nous sommes
Où pour avoir leur pain les hommes
N'ont qu'à se tenir à genoux
À moins qu'avant vienne la bombe
À moins que nous creusions leurs tombes
À moins qu'ils soient pareils à nous

    Mais je demande
    Dans quel monde ils vivront
    Je dis bien ils vivront
    Sinon
    À quoi bon

1966

Le temps de nous aimer

Il est un temps de joie il est un temps de peine
Il est un mois d'octobre il est un mois de mai
Il est un seul dimanche et six jours de semaine
Mais c'est toujours ma mie le temps de nous aimer

> L'hiver n'est pas plus froid que n'est froid le silence
> Il n'est pas plus amer que ces larmes de toi
> La neige bat la vitre et c'est sans importance
> La neige bat nos cœurs pourquoi fait-il si froid

Il est un temps de joie il est un temps de peine
Il est un mois d'octobre il est un mois de mai
Il est un seul dimanche et six jours de semaine
Mais c'est toujours ma mie le temps de nous aimer

> Ne ferme pas les yeux ne ferme pas la porte
> Écoute encore un peu les mots de ma chanson
> Il peut encore neiger cent mille ans que m'importe
> Si tu n'étais plus là je serais sans raison

Il est un temps de joie il est un temps de peine
Il est un mois d'octobre il est un mois de mai
Il est un seul dimanche et six jours de semaine
Mais c'est toujours ma mie le temps de nous aimer

> Car nous avons marché si longtemps l'un vers l'autre
> Ensemble nous avons traversé tant de jours
> Il n'est point d'autre amour mon amour que le nôtre
> Il n'est point d'autre vie que de s'aimer toujours

Il est un temps de joie il est un temps de peine
Il est un mois d'octobre il est un mois de mai
Il est un seul dimanche et six jours de semaine
Mais c'est toujours ma mie le temps de nous aimer

1966

Petit blues pour Éric

Dors   c'est l'heure de dormir
Dors   ne pleure plus
Dors   la lune est à ton carreau qui t'attend
Dors   la vie viendra bien assez vite te prendre
Dors   c'est l'heure de dormir
Dors

>Ta mère est là dans la cuisine
>T'es juste la chambre voisine
>Va si tu pleures on t'entendra
>Ne pleure pas
>Ferme tes yeux sur mon épaule
>Ferme tes yeux ferme repose
>On veille sur toi quand tu dors
>Alors c'est d'accord

Dors   c'est l'heure de dormir
Dors   ne pleure plus
Dors   la lune est à ton carreau qui t'attend
Dors   la vie viendra bien assez vite te prendre
Dors   c'est l'heure de dormir
Dors

>La vie parlons-en de la vie
>On s'aime un soir à la folie
>À briser les murs et les toits
>Et ça fait toi
>Si je te dis qu'elle est plus belle
>Depuis que t'es venu par elle
>Ça fait qu'on s'aime plus encore
>Alors c'est d'accord

Dors   c'est l'heure de dormir
Dors   ne pleure plus
Dors   la lune est à ton carreau qui t'attend
Dors   la vie viendra bien assez vite te prendre
Dors   c'est l'heure de dormir
Dors

    Je voulais te parler du monde
    Y a la guerre qui fait sa ronde
    Si jamais on t'appelait là
    N'y va donc pas
    Des fois je pense à te voir vivre
    Que t'en sais plus long que les livres
    Les plus gros sont pas les plus forts
    Alors c'est d'accord

Dors   c'est l'heure de dormir
Dors   ne pleure plus
Dors   la lune est à ton carreau qui t'attend
Dors   la vie viendra bien assez vite te prendre
Dors   c'est l'heure de dormir
Dors

1967

Les chemins sont durs

Les chemins sont durs plus qu'on ne pensait
La mort est au bout de chaque demeure
Encore une fleur que le vent défait
Encore une fleur et nos mains se meurent
À vouloir tout prendre et si peu donner
Où c'est qu'on s'en va qu'est-ce qu'il t'en semble
La nuit nous reprend nos corps fatigués
     Mais on est ensemble

Le moindre bateau nous fait matelot
Mille cheveux blonds me seraient des îles
J'ai le cœur à terre et le corps à l'eau
J'ai le corps à terre au cœur de ta vie
C'est partout l'automne alentour de nous
Tant de vie perdue que nos mains en tremblent
La peur et le froid sont à nos genoux
     Mais on est ensemble

Montre-moi tes yeux viens au creux de moi
Je n'ai pas les mots que je voudrais dire
Je n'ai rien de rien je n'ai rien que toi
Que tes bras ouverts et que ton sourire
Tant pis si les fleurs au vent se défont
Nos blessures sont ce qui nous rassemble
Les chemins sont durs mais on fait des ponts
     Mais on est ensemble

1967

Les cheminées

      Les cheminées sont hautes
      Et lourdes les fumées
      Les loyers sont trop chers
      Et c'est si dur d'aimer

Chez nous c'est pas la mer
Ni les bois ni l'espace
C'est les autos qui passent
Et les horizons de fer
Y a des oiseaux publics
Sur les fils électriques
Ça sent les frites et les affaires

      Les cheminées sont hautes
      Et lourdes les fumées
      Les loyers sont trop chers
      Et c'est si dur d'aimer

Le bonheur c'est combien
Combien par mois j'veux dire
On sait pas comment dire
On n'a pas les moyens
On oublie ça faut croire
À la tévé le soir
On est personne on pense à rien

      Les cheminées sont hautes
      Et lourdes les fumées
      Les loyers sont trop chers
      Et c'est si dur d'aimer

On court après le temps
Y a qu'les jours de tempête
Que tout l'bazar s'arrête
Mais c'est pas pour longtemps
Le trafic de cinq heures
C'est mauvais pour le cœur
Où c'est qu'on sera dans quarante ans

    Les cheminées sont hautes
    Et lourdes les fumées
    Les loyers sont trop chers
    Et c'est si dur d'aimer

Dollars placements progrès
Ça tourne et ça réclame
Et y a des rues madame
Où le soleil vient jamais
Un accident deux morts
Au son des transistors
Une cigarette et on s'y remet

    Les cheminées sont hautes
    Et lourdes les fumées
    Les loyers sont trop chers
    Et c'est si dur d'aimer

1967

Y a trop de morts

Y a trop de morts dans cette ville
Et pas assez de cimetières
Ça fait que les morts font la queue
Ils sont sur la liste d'attente
Comme à l'assurance-chômage

Alors ils vont au cinéma pour se distraire
Dans les bars dans les discothèques
Même ils vont jusqu'à travailler
Dans les bureaux dans les usines
Ils ont des soucis ordinaires

Ils paient l'impôt comme les autres
Ça dérange pas les technocrates
Ils ont l'air de parfaits vivants d'ailleurs
Ils se font même des enfants pour tuer le temps
Et des femmes mortes les aiment

On en trouve dans les églises
Parfois le dimanche à la messe
Tant dans la nef que dans le chœur
Ils croient assister aux funérailles d'un autre
Mais c'est bien des leurs qu'il s'agit

Je le dis car c'est menaçant – oui vraiment
Pour la santé de la société
Des morts en chapeau en manteau
Qui boivent du Pepsi pour se donner l'air de bouger
Monsieur le premier ministre faites quelque chose
Si vous n'êtes pas des leurs

1968

La partie de hockey

C'qu'on a joué au hockey quand on était p'tits gars
On s'faisait dans nos cours des morceaux d'patinoire
Avec de vieux bout d'planches – et pas mal de dégâts
Pis au premier froid bleu, on sortait l'arrosoir

J'étais l'plus p'tit d'la gang, mais quand j'avais mes gants
Mes pads, mes épaulettes, j'étais deux fois plus gros
Et même si je flottais dans mes patins trop grands
J'me prenais pour Boum Boum, j'fonçais comme un
     taureau

Au restaurant du coin, pour cin' cennes on avait
D'la gomme baloune avec des belles cartes en couleurs
De la «Ligne» nationale, on les collectionnait
Fallait mâcher longtemps pour avoir tous les joueurs

Enfin quand v'nait l'sam'di, c'étaient nos vraies parties
Les bâtons ben tépés, quat' briques pour faire les buts
Les filles su'l'bord d'la bande, au jeu, c'était parti
Quand on perdait, l'arbitre était toujours vendu

Mais un jour on arrive à la ligne bleue d'la vie
On échappe la rondelle, en douce on va s'asseoir
Parmi les spectateurs, on s'contente de l'envie
On joue en esprit à la tévé l'sam'di soir

Qui c'est qui va gagner la coupe Stanley c't'année
Qui c'est qui va finir en tête des compteurs
Mais rien ne vaut le temps où l'on se g'lait le nez
Les pouces et pis les pieds sur la glace à cinq heures

1968

Notre chambre

La lampe basse et le divan
La table devant la fenêtre
Les rideaux bleus sur le mur blanc
Il me semble voir apparaître
La ville avec ses toits anciens
Dans le lointain les bateaux pâles
Où nous faisions s'il t'en souvient
De longs voyages sans escale
Notre chambre
Notre chambre

Rappelle-toi le plat de fruits
Sur le comptoir et les fromages
Pour les amis des longues nuits
À refaire un monde moins sage
La musique y tournait sans fin
Comme un air tendre et respirable
C'était le havre et le jardin
Le feu de bois la bonne table
Notre chambre
Notre chambre

    Dans les soleils d'après-midi
    Traversés de fraîche légère
    Il me revient le parfum gris
    De fleurs mourant sur l'étagère
    Je nous revois plus sûrement
    Que si l'on s'y trouvait ensemble
    Dans les jeux calmes des amants
    Parmi la lumière qui tremble

J'y reviens mais n'y trouve plus
Ni les vieux trottoirs ni la porte
Un building neuf est apparu
Rien ne reste des pierres mortes
Plus rien ne se souvient de nous
Et seul un trop lointain nuage
Me parle de cet oiseau fou
Dont nous avions brisé la cage
Notre chambre
Notre chambre

Comme une étoile imaginée

1969

Quand même

Parfois trop tôt souvent trop tard
Nos montres n'ont pas la même heure
Nos amis ne sont que départ
Et nos amours vont sans demeure
Toutes ces voix qu'on n'entend pas
Ces pas qu'il aurait fallu suivre
Être fidèle et n'être pas
Mais dites-moi qu'est-ce que vivre

> Quand même
> Quand même
> Comme je voudrais ce soir
> Briser ce noir avec mes poings
> Mais ce ne sont rien que deux mains
> Quand même
> Comme je voudrais ce soir
> Boire mon amour comme une ciguë
> Qui serait un volcan d'espoir
> Quand même

Parfois trop loin souvent trop près
Il est court le temps qu'on se frôle
Et les carrefours que l'on voudrait
Ne sont pas inscrits dans nos rôles
Tous les chemins sont-ils bloqués
Faut-il en croire le journal
J'échangerais bien pour un quai
Ce micro et tout l'arsenal

Quand même
Quand même
Comme je voudrais ce soir
Serrer la vie contre mon corps
Jusqu'à ne plus savoir la mort
Quand même
Et ne plus avoir honte
Car dans les mots que je raconte
C'est un enfant qu'il faudrait voir
Quand même

1969

Le nouveau monde

Dans le soleil de chaque jour
Qui s'entête à couvrir de chance
Ce qu'il reste de nos amours
Contre toute espérance
Dans le moindre rire d'enfant
Dans le moindre chant qui réponde
Aux rêves fous de nos vingt ans
J'entends monter un monde

    Un monde sans barrières
    Sans armes ni frontières
    Les villes prisonnières
    D'amour

Par les mots gravés sur les murs
De toutes les prisons des hommes
Par les fleurs des chemins obscurs
Qui ne vont pas à Rome
Par les horizons barbelés
Et par la dernière seconde
De tous ceux qu'on fit s'en aller
J'entends gronder un monde

    Un monde sans barrières
    Sans armes ni frontières
    Les villes prisonnières
    D'amour

On me dit que ces mots sont beaux
Mais qu'on ne croit plus aux chimères
Que l'avenir est aux robots
Qu'il n'est plus rien à faire
Pardonnez-moi si j'aime mieux
Croire que ces beaux enfants qui frondent
Auront le temps de devenir vieux
Et de bâtir un monde

    Un monde sans barrières
    Sans armes ni frontières
    Les villes prisonnières
    D'amour
    Et de liberté

1969

Germinal

Il fait un temps comme quand on jouait aux billes
Les gros bancs d'neige rentrent dans les gazons
L'soleil est fou, v'là qu'il se déshabille
On voit dans l'air flotter ses grands cal'çons

Ça coule à plein le long des trottoirs sales
Les bouches d'égout sont complètement paquetées
Mais quand l'bonheur ouvre des succursales
Ça sent le propre jusque dans l'air pollué

Déjà la boue a remplacé la sloche
Toutes les clés s'prennent pour la clé des champs
Dans les écoles on n'entend plus la cloche
Monsieur Grevisse écoute Yvon Deschamps

Même les manchots ont l'air d'avoir des ailes
Et les p'tits vieux ont l'air d'avoir vingt ans
Les fonctionnaires ont l'air d'avoir du zèle
Ça dérange tout dans les gouvernements

Depuis le temps qu'on s'cachait les oreilles
Qu'on avait l'rhume, qu'on vivait sous zéro
Qu'on n'avait plus pour cueillir des merveilles
Que les jardins de givre à nos carreaux

La vitre s'ouvre et ce n'est plus mirage
Même les ruelles prennent leur bain dans l'air
Les cordes à linge retrouvent leurs commérages
Y aura personne à l'enterrement d'l'hiver

Viens-t'en ma blonde à la claire fontaine
Vois le soleil et ses érables autour
On va s'aimer sans mettre nos mitaines
La neige est chaude dans les bois d'alentour

Le vieux pays sort de son hiver borgne
Et ne sait plus voir que ce qu'il sera
Entends là-bas la liberté qui lorgne
Ce ciel de terre où tu me tends les bras

1970

Dans l'île

    Nous irons jouer dans l'île
    Au jardin de nos amours
    Souviens-toi des bois de l'île
    Et des feuilles en abat-jour

Le moindre sentier mène au sous-bois de ton corsage
Et la moindre plage est une voile au vent
Un petit bateau tout doucement dans les herbages
S'envole et chavire avec des yeux d'enfant

    Nous irons jouer dans l'île
    Au jardin de nos amours
    Souviens-toi des bois de l'île
    Et des feuilles en abat-jour

Il est un rocher tout apprêté comme une table
Avec une nappe de soleil si blond
Nous étions si beaux que l'air la mer l'été le sable
Ont fait de nos corps les fruits de leur saison

    Nous irons jouer dans l'île
    Au jardin de nos amours
    Souviens-toi des bois de l'île
    Et des feuilles en abat-jour

Il fera tantôt plus doux qu'en août sur notre couche
Et j'entends déjà sourdre les fleurs dans l'eau
Voguent les oiseaux dans le ciel vaste de ta bouche
L'île monte en nous comme un soleil en trop

Nous irons jouer dans l'île
Au jardin de nos amours
Souviens-toi des bois de l'île
Et des feuilles en abat-jour

1971

Aquarelle

Je voulais t'offrir une chanson douce
Un petit lit d'herbe où te reposer
Une plage d'ombre à l'odeur de mousse
Un petit ruisseau pour nous y baigner
Mais voici l'hiver plus d'herbe ne pousse
La rivière est blanche et les mots gelés
Je voulais t'offrir une chanson douce
N'en retiens ma mie que le mot été

Je voulais t'offrir une chanson tendre
Comme un coin d'enfance où ni les tourments
Ni les cris du jour ne se font entendre
Comme au bois de quand nous avions dix ans
Mais partout dehors on s'affaire à tendre
Les pièges des grands sur tous les ciments
Je voulais t'offrir une chanson tendre
N'en retiens ma mie que le mot enfant

Je voulais t'offrir une chanson belle
Comme un peu de toi sous un abat-jour
De mots inventés de notes nouvelles
Qui diraient de nous que c'est pour toujours
Mais je ne sais rien que des ritournelles
Ce toujours ressemble à tous les toujours
Je voulais t'offrir une chanson belle
N'en retiens ma mie que le mot amour

1970

Lettre sans adresse

Pour Danielle Oddera

Je voulais t'écrire une lettre
Mais voilà je ne trouve pas
Les phrases qu'il faudrait y mettre
Pour te parler de moi sans toi
Pour te dire qu'il fait beau temps
Mais que sans toi tous les printemps
Me sont plus sombres que novembre
Qu'il ne se passe à peu près rien
Que les enfants se portent bien
Et qu'il fait froid dans notre chambre

Chaque matin je me fais belle
En pensant quand il rentrera
Je veux qu'il me retrouve telle
Qu'il m'aimait quand il était là
Mais tu n'es jamais là le soir
Et je devrais enfin savoir
Qu'il n'est ni lendemain ni veille
Que tous ces gestes sont perdus
Puisque tu n'es pas revenu
Et que déjà je me fais vieille

On n'a pas cessé de me dire
Qu'on oublie tout avec le temps
Moi je fais semblant de sourire
Mais tu me manques plus qu'avant
J'aurais voulu te dire aussi
Que ta pensée partout me suit
Tu vois c'est banal et morose
Et puis t'ouvrir à tout jamais
Une rose que tu aimais
Et qui se meurt que tu l'arroses

Je voulais t'écrire une lettre

1971

Notre fille

Elle arrive sans souliers
Comme un rêve familier
Qu'on faisait sans se le dire
Au tournant de l'escalier

Elle apporte le matin
Dans ses yeux comme un jardin
Un étang vert où se mire
Quelque soleil incertain

Elle apporte le printemps
C'est un mois de mai chantant
Et je ne saurais écrire
L'or d'un seul de ses sourires

Elle arrive et tout à coup
Il s'est posé parmi nous
Tant de bonheur qu'à le dire
On se mettrait à genoux

Quand elle rit tout est beau
Il s'envole des oiseaux
Il n'est plus de porte close
Il se passe des ruisseaux

Pleure-t-elle tout est gris
Mais c'est bien vite fini
La pluie passe et sur les roses
Un soleil nouveau fleurit

Quand elle s'endort sur moi
Il n'est pas de mot je crois
Pour nommer si belle chose
Et pardonnez-moi si j'ose

Presque l'aimer en amant
Mais elle n'a que deux ans
Elle est là qui nous compose
Notre fille notre enfant

1971

Le tricot

Comme une femme d'autrefois
Sur une chaise de cuisine
Je m'attarde les soirs de froid
Sur un vieux tricot qui s'obstine
À n'être qu'un tissu de peu
De vers usés de rimes mortes
J'y mets tout le soin que je peux
Avant que le vent ne m'emporte

Ce qu'il en faut des écheveaux
Des balles de laine et de lune
On n'a pas l'oreille qu'il faut
Pour déchiffrer dans la nuit brune
La parole d'un vieil hibou
Qui tiendrait la clé des charades
Le cri venu on ne sait d'où
D'un œil perdu cherchant sa rade

J'aime à rêver que mon tricot
Aura des trous imprévisibles
Et que des fleurs et des oiseaux
Y pousseront irrépressibles
Mais je sais bien que nul vraiment
Ne viendra dans le malheur même
S'en faire un jour un vêtement
Et qu'ainsi mourra mon poème

Il se peut pourtant qu'un enfant
Au hasard de quelque jeu tendre
S'en fasse un tel déguisement
Que vous vous y laisserez prendre
Quand un étonnant cerf-volant
Viendra frapper à votre porte
En vous disant que c'est le temps
De s'envoler des villes mortes

1971

Commencez à vivre autrement

Commencez à vivre autrement
Car le temps, car le temps
Commencez à vivre autrement
Car le temps de l'amour est proche

>Ce monde craque
>De toutes parts
>C'est lui-même qu'il traque
>De ses dollars
>C'est sur lui-même qu'il braque
>Dans son miroir
>Ses propres matraques
>Il ne peut plus se voir

Commencez à vivre autrement
Car le temps, car le temps
Commencez à vivre autrement
Car le temps de l'amour est proche

>Ses fausses fêtes
>Ses fausses fleurs
>Ses faux prophètes
>Ses faux docteurs
>Ses fausses manchettes
>Et ses fausses peurs
>Ça fait la recette
>De ses faux-monnayeurs

Commencez à vivre autrement
Car le temps, car le temps
Commencez à vivre autrement
Car le temps de l'amour est proche

    Tant de fissures
    Dans le décor
    Tant de blessures
    Et tant de morts
    Tant de tortures
    De ratures sans remords
    Ça se censure
    Jusqu'au jour où ça mord

Commencez à vivre autrement
Car le temps, car le temps
Commencez à vivre autrement
Car le temps de l'amour est proche

    J'ai vu la horde
    Des cerfs-volants
    Tant ils s'accordent
    M'a dit le vent
    Que dans leurs cordes
    Printemps venant
    Miséricorde
    Se pendra le vieux temps

Commencez à vivre autrement
Car le temps, car le temps
Commencez à vivre autrement
Car le temps de l'amour est proche

1972

Country Song

Chaque nuit pendant son sommeil
Le pays rapetisse dans son lit
Si on le voit pas quand on se réveille
C'est p't-être qu'on rapetisse nous autres aussi

> Le printemps rapetisse
> L'été rapetisse
> L'automne rapetisse, l'hiver rallonge
> Mais c'est la grippe qui nous allonge
> La langue rapetisse
> Même la justice
> Juste la police qui prend du poids
> Mais c'est pour mieux rapetisser le tas

Chaque nuit pendant son sommeil
Le pays s'enfonce dans son lit
Si on le voit pas quand on se réveille
C'est p't-être qu'on s'enfonce nous autres aussi

> Nos poches défoncent
> Pus de quarante onces
> Pus les moyens de moyenner
> Une bonne Cinquante avant de caler
> Quand toutte s'enfonce
> Comme dit Alphonse
> Tu défonces le plafond d'en bas
> Tu prends ta pelle pis tu t'en vas

Chaque nuit pendant son sommeil
Le pays s'efface dans son lit
Si on le voit pas quand on se réveille
C'est p't-être qu'on s'efface nous autres aussi

L'efface à mine
Efface les mines
L'efface à l'encre efface lentement
Ce qu'il nous restait de gouvernement
Prends donc ta place
En dessous de la glace
Efface ta face, t'es tellement petit
Qu'on n'aura pas besoin de fusil

Chaque nuit pendant son sommeil
Le pays rapetisse dans son lit
Si on le voit pas quand on se réveille
C'est p't-être qu'on rapetisse nous autres aussi

1972

Les moutons

Quand sur les bords du Saint-Laurent
Un petit mouton vient à naître
Sitôt son papa lui apprend
Ce que tout mouton doit connaître
Qu'il n'existe qu'une manière
De moutonner paisiblement
C'est de bien suivre le derrière
Du mouton qui marche devant

Comme dans toutes les sociétés
Bien sûr de soi-disant apôtres
Se sont avisés de brouter
Loin des quatre-vingt-dix-neuf autres
Mais quand ils mordent la houlette
Des bergers de l'autorité
On les transforme en côtelettes
C'est c'qu'on appelle la liberté

Dieu merci du vaste troupeau
La majorité silencieuse
Préfère le chant des pipeaux
Aux guitares des aboyeuses
Aussi dans ses blancs pâturages
Se laisse-t-elle en tout repos
En souriant, sans cris, sans rage
Manger la laine sur le dos

Pendant c'temps-là les braves bergers
Qui se prennent pour des artistes
À l'ombre du fleurdelysé
S'font passer pour saint Jean-Baptiste
Mais pour le jeûne ils s'en dispensent
Et le spectacle terminé
Qui c'est qui leur remplit la panse
Toujours des p'tits agneaux dorés

Qu'est-ce qu'on peut faire pour des moutons
Lorsque l'on est mouton soi-même
J'ai beau me gratter la toison
L'obsession demeure la même
J'en suis réduit dans ma folie
Dans ma troublante déraison
Pour combattre les insomnies
À compter les petits moutons

(Tant qu'il en reste...)

1972

Notre vie

Je marche près de toi
Tu marches près de moi
On dit que nous vivons ensemble
Moi je sais seulement
Que toute la vie ment
Si chaque jour ne nous rassemble
Sans toi je ne sais pas
Où trébuchent mes pas
Sans toi tous les soleils sont sombres
Sans toi tous les espoirs
Se maquillent de noir
Sans toi tout près de moi je sombre

On ne s'est pas connus
Simplement reconnus
Comme on reconnaît son visage
Dans le miroir sans tain
De deux regards certains
De n'être qu'un seul paysage
Et nous ne savons rien
Ni le mal ni le bien
Nous sommes nous deux sans comprendre
Et sans autre passé
Que cet amour blessé
D'être jour après jour plus tendre

Nous allons simplement
Comme vont les amants
Parmi les gestes et les choses
Qui font de chaque jour
Le chemin de toujours
Et nous ne croyons plus aux roses
Dites le verbe aimer
Dites le mois de mai
Dites les mots qui sont les vôtres
Jamais ceux que je sais
Ne sauront dire assez
Ce trop grand amour fou le nôtre

1972

La chanson de Pierrot

Les doigts de la pluie jouent sur le toit
Une mélodie de je ne sais quoi
Sur le bureau mon dactylo
Cherche des mots qui riment en *o*
Qui riment en *i* avec la pluie
Avec la nuit, avec l'ennui
J'm'ennuie des airs et des prières
Qu'aimait naguère chanter ma mère

> Va te coucher pauvre Pierrot
> Y a pas de lune là-haut
> La lune est là tout près de toi
> Ne cherche pas
> Va

Je ne peux pas retrouver le ton
Des notes qui tombent sur mon balcon
J'suis un piano où les gouttes d'eau
Cherchent le *do* d'un concerto
D'un concerto très solitaire
Pour Pierrot seul et grand tonnerre
Tout plein d'éclairs et de frissons
Ça n'a pas l'air d'une chanson

> Va te coucher pauvre Pierrot
> Y a pas de lune là-haut
> La lune est là tout près de toi
> Ne cherche pas
> Va

Les doigts de la pluie jouent sur le toit
Une mélodie de je ne sais quoi
Sur le bureau mon dactylo
Laisse les mots qui riment en *o*
Préfère en *i*, préfère en *or*
Avec ton lit, avec ton corps
Avec ta peau sable et velours
Au bord de l'eau sous l'abat-jour

    Va te coucher pauvre Pierrot
    Y a pas de lune là-haut
    La lune est là tout près de toi
    Ne cherche pas
    Va

1973

L'invité

Tu feras comme si tu passais par hasard
Tu ne sonneras pas tu ouvriras la porte
Tu diras me voici et d'un simple regard
Nous nous reconnaîtrons malgré les années mortes

Tu seras courbatu d'avoir voyagé tant
J'aurai tout ce qu'il faut pour laver ta fatigue
Et lorsque tu auras rangé tes vêtements
Tu boiras de la bière ou mangeras des figues

Le soir si tu le veux nous ferons un festin
Mon frère mon ami mon lointain camarade
À boire et à causer jusqu'au petit matin
Nous laisserons le temps partir en promenade

Et puis tu dormiras tu te reposeras
Je t'offrirai mon lit je dormirai par terre
Tu resteras chez moi le temps que tu voudras
Mais l'heure du départ il faudra me la taire

Tu feras comme si tu sortais par hasard
Tu reprendras ta route autour de la planète
Moi pour tromper l'ennui ce sinistre bazar
Je m'en retournerai chanter mes chansonnettes

1973

Petit matin

Petit matin sans horizon
Petit café, fumées d'usines
Je r'garde le derrière des maisons
Les femmes sont à leurs cuisines
Y a des oiseaux qui s'font la cour
Sur les fils du Bell Téléphone
Et dans l'œil crevé de ma cour
Un Sept Quarante-Sept qui résonne

Il pousse un gros transformateur
Au cœur de ce qui fut un chêne
Sur la vitre je trace un cœur
Que la buée retient à peine
Le transistor hurle à la mort
Des airs à faire pendre un merle
Les enfants s'amusent dehors
Dans la sloche un collier de perles

Au hasard j'ouvre le journal
Crime passionnel rue Lacordaire
Paraît qu'ça va d'plus en plus mal
Pour les mangeurs de pommes de terre
Paraît aussi qu'le Président
S'amuse à jouer à la roulette
Entre deux annonces, à la page cent
Avec c'qui reste de la planète

Moi je m'en viens à mon piano
Je trouve cet air de ma grand-mère
Et pour les mots je mets l'phono
De mon p'tit matin solitaire
Dommage que ce soit si gris
J'aurais voulu dire autre chose
Faudrait recommencer la vie
Avant de rechanter les roses
Avant de rechanter les roses

1973

Sur la rue des regards perdus

Sur la rue des regards perdus
À tout hasard mes mots s'en vont
Tu ne les as pas reconnus
Printemps venant ils reviendront

J'y mets souvent le mot *renaître*
À cause d'un petit bouquet
Qui fleurit près de ta fenêtre
Et dont j'ai cru parfois connaître
Qu'un peu de toi s'y parfumait

Sur la rue des regards perdus
À tout hasard mes mots s'en vont
Tu ne les as pas reconnus
Printemps venant ils reviendront

J'y mets aussi le mot *septembre*
À cause d'un après-midi
Sous le ciel versant de ta chambre
Souviens-toi de ces couleurs d'ambre
Entre les rideaux et le lit

Sur la rue des regards perdus
À tout hasard mes mots s'en vont
Tu ne les as pas reconnus
Printemps venant ils reviendront

Le mot *demain* y vagabonde
C'est un soleil nu sur ta peau
Qui voyage à l'envers du monde
Sous un volcan caché qui gronde
Miroir de l'œil miroir de l'eau

Sur la rue des regards perdus
À tout hasard mes mots s'en vont
Tu ne les as pas reconnus
Printemps venant ils reviendront
Printemps venant les verras-tu

1973

Musique de Henri Hamel.

Le blues du courrier

Y en a qui partent sans déjeuner
D'autres qui font rien sans leur tévé
D'autres que c'est l'sexe avant de manger
Chacun son style, moi c'est moins gai
Ma journée peut pas commencer
Tant qu'le facteur est pas passé

Du temps qu'y passait vers huit heures
Tout allait bien c'était l'bonheur
Mais maintenant qu'y passe vers trois heures
C'est ben dommage me v'là chômeur
Ma journée peut pas commencer
Tant qu'le facteur est pas passé

Vingt fois cent fois dans l'escalier
J'descends voir la boîte à courrier
Quand à quatre heures j'ai rien trouvé
J'dis: «Ça se peut pas, y s'est trompé»
C'est comme si y avait pas de journée
Vu qu'le facteur est pas passé

Même que j'suis rendu que j'm'abonne
À des revues que j'trouve pas bonnes
Les plus gros comptes je trouve ça l'fun
Envoyez-en, Simpson Eaton
Ma journée peut pas commencer
Tant qu'le facteur est pas passé

C'est un peu comme si j'attendais
Une lettre qui ne m'arrive jamais
Une lettre de quelqu'un qui m'aimerait
Une lettre de quelqu'un qui m'aimerait
Mes journées pourraient commencer
Avant qu'le facteur soit passé

Y en a qui partent sans déjeuner
D'autres qui font rien sans leur tévé
D'autres que c'est l'sexe avant de manger
Chacun son style, moi c'est moins gai
Ma journée peut pas commencer
Tant qu'le facteur est pas passé

1974

La complainte de l'enfant distrait

Sur les murs de la classe
Chaque lundi matin
De vieilles poussières lasses
Font des psaumes en latin
Puis elles parlent de Rome
Et des beaux jours anciens
Moi je croque ma pomme
Et je n'y comprends rien

Corridors sans mémoire
Percés de crucifix
De longues robes noires
Et de petites fourmis
Soudain sur ma page blanche
Atterrit un avion
Je le prends c'est dimanche
Partons pour le Japon

Un tout petit repère
Dans une immense forêt
La boutique de grand-père
Où ça sent bon le bois frais
Une glace à la vanille
Au soleil du mois d'août
Les corsages des filles
Qui déjà m'étaient doux

Pour les p'tits enfants sages
Le soir il y a du lait
Des biscuits, du fromage
Et de très longs chapelets
Tout à coup y a les vaches
Chez mon oncle l'été
Et le loup qui se cache
Dans le bois d'à côté

J'ai perdu mon enfance
Comme on perd la raison
Pour avoir eu trop de chance
Et trop bien su mes leçons
Mais je ne sais plus mon âge
Ni le goût des saisons
Où je fais ce voyage
Dont j'ignore le nom

Mais je mets tout mon zèle
Et tous mes jours percés
À recoudre mes ailes
Comme un oiseau blessé
Pourtant je reste en cage
Et si je chante encore
C'est que mes airs volages
Me servent de décor

La mort a tant de masques
Et je n'ai pas les mots
Qui parfois la démasquent
Et rendent un peu plus beau
Le grand malheur des hommes
Et la courbe du vent
Si j'aime autant les pommes
Je comprends moins qu'avant

1974

Du nord au sud

J'ai perdu mon Chemin
Que'qu' part entre Malibu
Et Ville d'Anjou
Si vous le voyez passer
Dites-lui de me téléphoner
À frais virés
Sans mon Chemin dessous
Mes pieds sont comme un peu soûls
Comme un peu fous
Ils s'en vont n'importe où
C'est trop souvent dans des trous

    Qui me tendra la main
    Me rendra mon Chemin
    Me montrera le nord
    Que j'aille au sud
    Voir si tu m'aimes encore

J'ai perdu mon Chemin
J'ai perdu ma Mélodie
Ma douce amie
J'aime mieux ne pas penser
Qu'elle est partie avec lui
Dans un taxi
Bien sûr c'est mon Chemin
Bien sûr c'est mon grand ami
Le seul ennui
C'est que quand vient la nuit
Il faut se méfier de lui

Qui me tendra la main
Me rendra mon Chemin
Me montrera le nord
Que j'aille au sud
Voir si tu m'aimes encore

J'ai perdu mon Chemin
J'ai perdu ma Mélodie
Mes seuls pays
J'ai lu dans les journaux
Qu'c'est la faute à mon auto
Modèle rétro
Mil neuf cent quarante-trois
Une magnifique Chevrolet
Où c'que j'avais
Installé mon piano
Pour composer quand ça venait

Qui me tendra la main
Me rendra mon Chemin
Me montrera le nord
Que j'aille au sud
Voir si tu m'aimes encore

J'ai perdu mon Chemin
J'ai perdu ma Mélodie
Et je le dis
Je n'ai plus rien à dire
C'est elle qui me donnait les airs
Et lui les vers
Seul dans ma Chevrolet
Sous les grands vents de l'hiver
En plein désert
J'ai beau ne boire que du lait
J'ai des goûts de revolver

        Qui me tendra la main
        Me rendra mon Chemin
        Me montrera le nord
        Que j'aille au sud
        Voir si tu m'aimes encore

J'ai perdu mon Chemin
Que'qu' part entre Malibu
Et Ville d'Anjou
J'ai perdu Mélodie
Entre la Californie
Et Saint-Esprit
Si vous les rencontrez
Dites-leur que je les attendrai
Au bout d'un quai
Que'qu' part en Acadie
La mer est belle à ce qu'on dit

        Qui me tendra la main
        Me rendra mon Chemin
        Me montrera le nord
        Que j'aille au sud
        Voir si tu m'aimes encore

1974

J'ai perdu trop de temps

J'ai perdu trop de temps
Dans les livres
J'ai perdu trop de temps
Loin de vivre
J'ai perdu trop de temps loin de toi
Mais maintenant
Le temps qu'il me reste, c'est pour toi

J'ai perdu trop de temps
À l'école
Ce n'est pas là qu'on vend
Les boussoles
J'ai perdu trop de temps loin de toi
Mais maintenant
Le temps qu'il me reste, c'est pour toi

> Je ne demande rien
> Qu'un p'tit coin de jardin
> Pour te faire la vie
> Plus douce et plus jolie
> Un peu d'herbe et de vent
> Et ce qu'il faut de pain
> Un piano, deux enfants
> Et cinq ou six copains

Nous deviendrons les mots
D'un poème
Les deux mains d'un piano
Où l'on s'aime
J'ai perdu trop de temps loin de toi
Mais maintenant
Le temps qu'il me reste, c'est pour toi

Nous deviendrons les mots
D'un poème
Les deux mains d'un piano
Où l'on s'aime
J'ai perdu trop de temps loin de toi
Mais maintenant
Le temps qu'il me reste, c'est pour toi
C'est pour toi

1974

Tombouctou

Quand je suis loin de toi
Je me sens loin de tout
Je me sens loin de moi
Je me sens moitié fou
Ça fait des mois, des mois
Que j'te cherche partout
Où es-tu, dis-le-moi
Où es-tu mon tilou
Même sur la Huitième Rue
Sans toi dans Limoilou
Je suis aussi perdu
Qu'tout nu dans Tombouctou

J'ai fait le tour du bloc
J'ai fait le tour du monde
De Thérèse à Bangkok
Pour demander ma blonde
Hier soir, Aboukir
Au snack-bar à Pitou
Tu venais de partir
Où es-tu mon tilou
Même sur la Huitième Rue
Sans toi dans Limoilou
Je suis aussi perdu
Qu'tout nu dans Tombouctou

J'ai fait parler les boules
J'ai fait parler les cartes
Mais là je perds la boule
Mais là je perds la carte

Because when you're away
Baby I feel so blue
J'parle anglais, j'vas troubler
Où es-tu mon tilou
Même sur la Huitième Rue
Sans toi dans Limoilou
Je suis aussi perdu
Qu'tout nu dans Tombouctou

Comme j'ai pas d'autres frissons
Je te mets en musique
Je te fais des chansons
Tendrement érotiques
Mais les *do* d'mon piano
Ça ne vaut rien du tout
À côté de ton dos
Où es-tu mon tilou
Même sur la Huitième Rue
Sans toi dans Limoilou
Je suis aussi perdu
Qu'tout nu dans Tombouctou

Juste revoir ta blouse
Ouverte sur tes seins
En écoutant du blues
Faire de petits dessins
Ma bouche sur ton corps
Tout partout, tout partout
J'espère que j'suis pas mort
Où es-tu mon tilou
Même sur la Huitième Rue
Sans toi dans Limoilou
Je suis aussi perdu
Qu'tout nu dans Tombouctou

1974

La valse du bonheur

Heureusement qu'on est heureux
Parce qu'autrement on serait ben malheureux
Heureusement qu'on est heureux
Parce qu'autrement on serait ben malheureux

> J'aurais donc voulu t'acheter
> Vu que c'est ton anniversaire
> Une jolie robe décolletée
> Mais je n'ai plus de salaire
> Je suis devenu chômeur
> Pour avoir voulu chanter
> Tu vois je déchante astheure
> Sur l'air des notes qu'il faut payer

Heureusement qu'on est heureux
Parce qu'autrement on serait ben malheureux
Heureusement qu'on est heureux
Parce qu'autrement on serait ben malheureux

> Comme on est sur la finance
> Faudrait pas c'est ben dommage
> Trop rêver d'prendre des vacances
> Même sur l'assurance-chômage
> Les p'tits n'ont plus de souliers
> Y sont en train d'percer leurs bottes
> Sans compter qu'y sont tannés
> De manger du beurre de pinottes

Heureusement qu'on est heureux
Parce qu'autrement on serait ben malheureux
Heureusement qu'on est heureux
Parce qu'autrement on serait ben malheureux

Depuis que'qu' temps j'ai l'idée
Qu'on pourrait vendre des affaires
Des livres, du linge, la tévé
Pis p't-être même le frigidaire
Pour prendre des billets de loterie
Ça s'pourrait pas qu'on gagne pas
Si on gagne pas ben tant pis
Y restera le lit pis on s'aimera

Heureusement qu'on est heureux
Parce qu'autrement on serait ben malheureux
Heureusement qu'on est heureux
Parce qu'autrement on serait ben malheureux

Surtout n'allez pas penser
Que c'est une chanson triste
Le jour que je l'ai composée
J'avais une âme d'artiste
Qui ne croit pas au malheur
Qui voit partout du bonheur
Dans l'oiseau et dans la fleur
Faites donc comme lui: chantez en chœur

Heureusement qu'on est heureux
Parce qu'autrement on serait ben malheureux
Heureusement qu'on est heureux
Parce qu'autrement on serait ben malheureux

1974

La basse ville

Moi je suis d'une ruelle
Comme on est d'un village
Entre les hangars de tôle
Pis les sacs à poubelle
Entre la Huit pis la Neuf
Entre la Deux pis la Trois
Entre l'école pis l'église
Ma p'tite enfance est là

    Quand on est d'la basse ville
    On n'est pas d'la haute ville
    Y en a qui s'en souviennent
    D'autres qui s'en souviennent pas
    Moi c'est par là qu'mes rêves
    Se font des téléphones
    Les jours qu'le mien sonne plus
    Que j'attends plus personne

Dimanche après-midi
À' tabagie d'en face
Un cornet d'cram' à glace
À deux boules s'il vous plaît
Un concours de yo-yo
Pendant qu'à la radio
Monsieur Jean Béliveau
Fait son tour du chapeau

Quand on est d'la basse ville
On n'est pas d'la haute ville
Y en a qui s'en souviennent
D'autres qui s'en souviennent pas
Moi c'est par là qu'mes rêves
Se font des téléphones
Les jours qu'le mien sonne plus
Que j'attends plus personne

«C'est le mois de Marie
C'est le mois le plus beau...»
Y pousse des pissenlits
Dans les craques du trottoir
Avec ma première blonde
On joue plus tard le soir
On fait le tour du bloc
En bicycle dans le noir

Quand on est d'la basse ville
On n'est pas d'la haute ville
Y en a qui s'en souviennent
D'autres qui aiment peut-être mieux pas
Moi c'est par là qu'mes rêves
Se font des téléphones
Les jours qu'le mien sonne plus
Que j'attends plus
Personne

1975

Old Orchard

Oui nous irons à Old Orchard c't'été
Où l'air salin vient douc'ment se mêler
Aux parfums d'frites pis de hot-dogs steamés
Où l'bruit des vagues au bruit des rails
     des montagnes russes vient s'mélanger

Les pieds dans l'sable, les yeux sur la mer bleue
Entr' les canettes de Mol' pis d'Labatt Bleue
Pendant quinze jours, on pourra s'faire toaster
Oui nous irons à Old Orchard c't'été

     Quand vient janvier, qu'on voit s'envoler
     Toutt' les luckés
     Pour Acapulco, Puerto Rico ou Tobago
     Tout c'qu'on a pour s'consoler, c'est s'dire: okay
     Le quinze juillet sur la rue Peel à cent degrés
     Y pourront ben crever, y pourront même cailler

Nous autr's on s'ra à Old Orchard c't'été
D'in beau motel à l'air climatisé
Les jours de pluie, on ira barguiner
Dans les boutiques des bons p'tits Juifs qui disent:
     «Cinq piasses, mais jusse pour toué»

Les soirs su'l'*Pier*, on jouera au bingo
Pis on r'gard'ra la lune tomber dans l'eau
En échangeant nos plus tendres baisers
Oui nous irons à Old Orchard c't'été

Les pieds dans l'sable, les yeux sur la mer bleue
Entre les canettes de Mol' pis d'Labatt Bleue
Pendant quinze jours, on pourra s'faire toaster
Oui nous irons à Old Orchard c't'été
Oui nous irons à Old Orchard c't'été

1975

Drôle de pays

Drôle de pays qu'on pensait bâtir y a dix ans
Drôle de pays qu'on pense maint'nant faire dans vingt ans
En attendant d'être sur la carte, on fume son joint
On prend son coup chacun tranquille dans son petit coin
Entre l'avenir et le souvenir y a comme un trou
Bill Twenty-two
Saint Jean-Baptiste priez pour nous

Heureusement y a la tévé pour nous distraire
Y a les Berger, Marcus Welby, Réal Giguère
Tout est parfait, tout est correct, tout est au boutte
Dix piastres de gaz pour faire un tour sur l'autoroute
Entre l'avenir et le souvenir y a comme un trou
Dans mon bazou
Saint Jean-Baptiste priez pour nous

Drôle de pays comme un grand jeu de Monopoly
Sauf qu'on joue pas, on regarde les boss faire la partie
Y'ont eu du fun dans l'hydraulique pis l'olympique
Mais c'est nous autres astheure qui payent pour leurs coliques
Entre l'avenir et le souvenir y a comme un trou
Dans notr' trente sous
Saint Jean-Baptiste priez pour nous

Ailleurs on dit *Yankee go home*, mais pas ici
Et si l'Yankee sort du Chili comme l'*ITT*
On l'paye pour venir voler notre bois sur la Côte-Nord
Se faire des bras des fois qu'on serait devenus trop forts
Entre l'avenir et le souvenir y a comme un trou
Can I help you
Saint Jean-Baptiste priez pour nous

Drôle de pays où la charogne te garde en vie
Où le mercure assure la cure des Indiens cris
Où l'amiantose pousse comme la rose, mais en plus gris
Où l'écœurement finit quand même par faire des petits
Entre l'avenir et le souvenir y a comme un trou
Un trou d'égout
Saint Jean-Baptiste priez pour nous

1975

Programme double

Les comptes s'empilent su'l'frigidaire
Rapport au gel de mon salaire
Le gel des prix – on a compris
En attendant on est mal pris
Ça fait deux mois qu'on est rivés
Comme deux rivets d'vant la tévé
À soir on sort, on va aux vues
Mets donc ta belle grand jupe fendue

> Un programme double, qu'est-ce que t'en dis
> Une vue d'amour, une vue d'bandits
> Un programme double, y a rien comme ça
> Pour oublier tout c'qui va pas

La première fois, t'en souviens-tu
Au *Victoria* qu'existe plus
Juste à s'toucher le bout des mains
On s'sentait mal, on s'sentait bien
On f'ra comme ça ou à peu près
P't-être un peu plus, et pis après
Si t'es pas trop pressée pressée
On ira manger chez *Harvey's*

> Un programme double, qu'est-ce que t'en dis
> Ça donne la faim quatre heures assis
> Un programme double, y a rien comme ça
> Pour oublier tout c'qui va pas

Et pis après on va rentrer
En essayant d'pas réveiller
Les p'tits qui dorment sans rien savoir
Des jeux qu'on joue quand y fait noir

Un programme double, qu'est-ce que t'en dis
Juste toi et moi et toute la nuit
Un programme double, y a rien comme ça
Pour oublier tout c'qui va pas

1976

L'embellie

C'est janvier c'est janvier
Depuis tellement d'années
Que même les plus anciens
Ont oublié l'été
C'est janvier désolé
Sur ma terre natale
Avec ses neiges démentes
Et ses froids secs et bleus

C'est janvier tout frileux
Sur ma langue natale
Et les mots sont gelés
Dans nos chants éphémères
Mais c'est aussi janvier
Au chaud dans la cuisine
Un air d'harmonica
Les pieds su'l'bord du poêle

Or janvier ce matin
Sort du calendrier
Or janvier ce matin
Remonte en février
C'est un grand soleil fou
Qui fait sauter les tuques
Qui détache les parkas
Et lâche ses moineaux

Or la neige ce matin
Soudain s'est mise à fondre
Les trottoirs tout mouillés
Rattachent les maisons
Et des mots sont venus
Que je croyais perdus
Pour mon harmonica
Sorti sur son balcon

Ce n'est pas le printemps
Non ce n'est pas l'avril
Ce n'est pas le printemps
Mais les signes sont là
Que le temps désormais
A rouvert ses chemins
Et que les chemins tiennent
Debout sous les balises

Ce n'est pas le printemps
Mais désormais je sais
Que le reste fondra
Plus vite qu'on ne croit
Et c'est plus que des mots
Plus qu'un harmonica
Qu'il faudra pour fêter
L'embellie qui s'en vient

1976

Qui saura jamais

Mais qui saura jamais le poids de nos chansons
Mais qui saura jamais qu'elles n'auraient pas de voix
Sans toi
Qu'elles n'auraient pas de mots, qu'elles n'auraient pas de sons
Si tu n'étais pas là fidèle chaque fois

Mais qui saura jamais comme elles sont la chair même
De l'amour déliré que l'on vit tous les deux
Heureux
Comme deux enfants fous s'amusant au carême
Contre un pays sans joie, confortable et peureux

Mais qui saura jamais le poids de ces années
Toi seule parmi tous à me savoir tout seul
Sur des disques inventés, des shows imaginés
Toi seule près du lit déchirant les linceuls

C'est un soir de première, de peur et de frissons
Et voici mon refrain comme à chacun son tour
Mais qui saura jamais le poids de nos chansons
Mais qui saura jamais le poids de nos amours

1976

Marie-Hélène

Marie-Hélène vient juste d'avoir vingt ans
Ça fait six mois qu'est en appartement
Sur les murs blancs d'un p'tit troisième étage
Rue Saint-Denis, est partie en voyage

Marie-Hélène a pourtant pas d'amant
Juste des amis qui viennent de temps en temps
Fumer son pot, écouter sa musique
Marie-Hélène est une fille sympathique

    C'est pas facile d'avoir vingt ans
    C'est plus mêlant qu'avant
    C'est pas facile d'avoir vingt ans
    Elle a le temps, tout le temps

En mobylette, en métro ou à pied
Marie-Hélène traverse la société
Née par hasard dans le mauvais pays
Au mauvais temps, Marie-Hélène s'ennuie

S'ennuie de quoi? Elle le sait pas trop bien
S'ennuie de qui? Elle le sait encore moins
En attendant y a eu deux mois d'ouvrage
Un mois d'études, pis l'assurance-chômage

    C'est pas facile d'avoir vingt ans
    C'est plus mêlant qu'avant
    C'est pas facile d'avoir vingt ans
    Elle a le temps, tout le temps

Le temps d'user jusqu'au dernier sillon
Son *Genesis* et sa *Cinquième saison*
Et d'oublier les mots de *Let It Be*
Qui joue la nuit quand tout l'monde est parti

Mais *Let It Be*, c'est déjà l'ancien temps
Marie-Hélène avait même pas dix ans
Et c'est si loin qu'elle le sait plus par cœur
Et c'est tout ça qui fait qu'elle a si peur

    C'est pas facile d'avoir vingt ans
    C'est plus mêlant qu'avant
    C'est pas facile d'avoir vingt ans
    Elle a le temps, tout le temps

1976

Vers 1963.

Vers 1973. *Photo: Ronald Labelle.*

1975. *Photo: Jean-Guy Thibodeau.*

Dans une ruelle du quartier Hochelaga, 1975. *Photo: Jean-Guy Thibodeau.*

Au Théâtre de l'île d'Orléans, 1976. *Photo: Jacques Duplain.* ➝

1980. *Photo: Jean-Guy Thibodeau.*

Avec Vic Angelillo à la contrebasse, Café Instantané, La Prairie, 1981. *Photo: Françoise Lemoyne.*

← À la fête nationale sur le mont Royal, 1976. *Photo: Pierre Dury*

À la fête nationale, Sainte-Thérèse, 1982. Au saxophone, Jean de Cristofaro.
Photo: Jean-Guy Thibodeau.

1982. *Photo: Jean-Guy Thibodeau.*

1984. Photo: *André Panneton.*

Au lancement de l'album
Aller simple, octobre 1989.

1988. Photo: *Rodrigo Alonzo Gutierrez.* →

Kerouac

La seule fois que je t'ai vu
À la télé en soixante-sept
T'avais l'air d'un bûcheron perdu
Dans sa légende de poète
Si je t'ai cru presque parent
C'était peut-être malgré moi
Juste à cause de ton accent
D'un vieux «mon-oncle des États»

Je ne veux pas savoir pourquoi
Pas plus loin qu'en mil neuf cent vingt
Un bon million de Québécois
Sont devenus américains
Je ne veux pas savoir non plus
Je l'imagine et c'est assez
Pour quelle raison t'as jamais pu
Terminer ton livre en français

Mais quand je lis ta prose folle
Je me dis que ton seul pays
Ce fut la Route qui s'affole
À cent milles à l'heure dans la nuit
Que ton seul lieu ce fut les Mots
Avec dedans le rêve aphone
D'un jour y voir entrer Rimbaud
À cheval sur un saxophone

De Lowell Mass. jusqu'à Big Sur
T'as roulé ta vie comme un joint
Sans jamais fumer ta blessure
Y avait trop d'speed dans les racoins
Y avait trop d'bière dans les canettes
Y avait trop d'plomb dans ton crayon
Y avait trop d'visions dans ta tête
Et t'as jamais su leur dire non

Toi qui fus le premier beatnik
Toi qui fus le premier maudit
De cette insolente Amérique
Que tu savais déjà finie
Je te salue *Damn' Old Canuck*
Hobo banni et bum sacré
Clochard céleste et saint baroque
D'un Occident agonisé

1976

La nuit est douce

La nuit est douce
Repose-toi
La rose pousse
Entre tes doigts
Entre tes reins
Un lit de mousse
La nuit est douce
Et sans chagrin

La nuit est douce
Ferme les yeux
L'or éclabousse
Dans tes cheveux
Sur tes genoux
La lampe est rousse
La nuit est douce
Et rien qu'à nous

Pourquoi chercher la peine
Pourquoi chercher souffrir
Pourquoi chercher la chaîne
Plutôt que le plaisir

La nuit est douce
Donne ta main
Où la fleur pousse
Pousse un jardin
N'écoute pas
Le temps qui tousse
La nuit est douce
Ne t'endors pas
La nuit est douce
Ne t'en va pas

1977

Le temps des chansons

Quand reviendra le temps des chansons
Quand nous aurons trouvé le refrain
Dont tous nos airs anciens n'étaient sans le savoir
Que les couplets égarés
Dans la neige

Quand reviendra le temps du printemps
Quand nous aurons rouvert le chemin
Dont tous nos pas perdus n'étaient sans le savoir
Que les balises égarées
Sous la neige

Alors nous ne parlerons plus
De ce pays de nos poèmes
Puisque nous serons devenus
Ce pays même
Mais je t'en prie n'attends pas trop
L'hiver a bousculé les roses
J'ai peur qu'il reste peu de choses
De ce jardin de jolis mots

Aussi n'attends pas le temps des chansons
Même si le temps s'annonce au printemps
C'est maintenant qu'on joue
Ce qu'il reste de nous
C'est maintenant le jour des gestes
Qu'aujourd'hui nous mène à demain
Et qu'il soit bâti de nos mains
Le refrain que nous chanterons
Quand reviendra le temps des chansons

1977

La vitre vide

Quand la vie n'est plus qu'une vitre vide
Où la pluie lentement bat le temps
Quand on ne tient plus dans ses mains avides
Que le souvenir d'un jardin vacant

Alors on se dit que rien n'aura valu la peine
Ni d'avoir été fidèle à tous ces rendez-vous
Que l'amour aura semé sur sa route incertaine
Ni surtout
Ni surtout

De t'avoir connue ce jour de septembre
Où la pluie lentement souviens-t'en
Par la vitre nue qui berçait la chambre
Se fit un jardin de nos corps battants

Mais il vient d'autres saisons il vient d'autres visages
Et le mien fut effacé dès qu'eut cessé la pluie
Et le jardin dévasté tu repris ton bagage
Et depuis
Et depuis

Ma vie n'est plus rien qu'une vitre vide
Où la pluie lentement bat le temps
Et je ne tiens plus dans mes mains avides
Que le souvenir d'un jardin vacant

1977

De la comédie musicale Folies douces, *d'après un personnage de Roger Dumas.*

Ton épaule m'attend

Je ne sais rien du paysage
Où nous transportera demain
J'aimerais qu'il fût une plage
Où tu me prendrais par la main
J'aimerais qu'il fût ton visage
Et la douceur de vivre autour
Mais je ne sais rien du voyage
Rien du chemin ni du retour

Je sais seulement que je t'aime
Et que le temps n'est qu'un détour

Je ne sais rien de la fenêtre
Que vont ouvrir nos yeux nouveaux
J'aimerais y voir apparaître
Sous un ciel plus tendre et plus beau
Ceux par qui nous saurions renaître
Les amis qui sont loin de nous
Mais au printemps comment connaître
Ce que prépare le mois d'août

Je sais seulement que je t'aime
Et que nous avons rendez-vous

Je ne sais rien de ces mystères
Dont quelquefois j'aime à penser
Que nous serions moins solitaires
Si nous venions à les percer
J'aimerais tant que cette terre
Fût celle où dansent les enfants
Mais c'est naïf il faut le taire
Je ne sais rien de plus qu'avant

Je sais seulement que je t'aime
Et que ton épaule m'attend

1977

Musique de Claude Léveillée.

Le chanteur indigène

Le chanteur indigène a sorti son violon
Son gazou, sa bombarde et son accordéon
Enfin la panoplie des accessoires ethniques
Qui pâment les Français et réveillent nos critiques

Le chanteur indigène a commencé son show
Dès les premiers accords l'*Olympia* crie bravo
Dans son harmonica il souffle jusqu'à mordre
Et les doigts d'son violon écartèlent ses cordes

Mais sous les projecteurs il est seul à savoir
Qu'il en met d'autant plus que c'est son dernier soir
Depuis qu'il a compris le commerce exotique
Où l'on vend en bibelots son peuple et sa musique

Le chanteur indigène finit son numéro
Jusqu'au bout sans omettre une seule note, un seul mot
Mais le rideau tombé, lorsque la foule folle
Lui réclame à grands cris d'autres rythmes créoles

Le chanteur indigène revient sur le plateau
Remercie son public et seul à son micro
Soudainement petit et tragiquement blême
Se met à réciter ce singulier poème

«On est toujours un peu l'Iroquois de quelqu'un
Que l'on soit québécois, breton, nègre ou cajun
Je vous laisse à penser quel peut être le vôtre
On est toujours un peu l'indigène d'un autre»

Et puis l'homme en silence a plié son violon
Son gazou, sa bombarde et son accordéon
On dit qu'il est parti retrouver sa savane
Et qu'il vit là depuis tout seul dans sa cabane

On est toujours un peu l'Iroquois de quelqu'un
Que l'on soit québécois, breton, nègre ou cajun
Je vous laisse à penser quel peut être le vôtre
On est toujours un peu l'indigène d'un autre

1977

Lettre de Toronto

Salut Sylvain, comment ça va vieux frère
Tu m'excuseras si j'ai pas trouvé l'temps
D't'écrire avant, mais y s'passe trop d'affaires
Pis Toronto c'est pas la rue Saint-Jean
Ça fait six mois que j'fais partie d'un groupe
J'joue les claviers, pis c'est plus que tripant
Faut dire qu'icitte, la musique est au boutte
Pus rien à voir avec nos shows d'avant

Prends pas ça mal, j'aime encore tes poèmes
Mais c'est fini l'trip des boîtes à chansons
Faut penser gros pour détruire le système
Pis les Anglais, y a rien à faire, ils l'ont
Si tu voyais le stock qu'on déménage
Juste pour te dire: ça nous prend deux camions
Pus rien qui manque quand on part en voyage
Pis pus jamais d'maudits problèmes de son

J't'envoye les mots d'une toune que j'viens d'écrire
C'est pas d'ma faute, chus meilleur en anglais
Mais si des fois tu voulais m'la traduire
Ben entendu, c'est moi qui la chanterais
On vient d'signer cinq ans chez *CBS*
Y nous ont dit que tout c'qui nous manquait
C't une toune française pour le marché de l'Est
Sont forts à CHOM, t'inquiète pas du succès

Le mois prochain, on part pour Los Angeles
Vu qu'not' gérant est en Californie
On a compris qui c'qui tire les ficelles
Et si des soirs je m'ennuie d'mes amis

Mon seul pays, maintenant c'est la musique
Pis la musique c'est les États-Unis
Viens faire un tour avant d'être folklorique
Tu verras ben si c'est vrai c'que j'te dis

1978

Fleurs de grésil

Le téléphone
La porte qui sonnent
Le stéréo
Contre la radio
Le violoncelle
Dans la poubelle
Rapport d'impôt
Et mal au dos

Tempête de neige
C'est le manège
Où les charrues
Brassent tant les rues
Que la Manic
Prend la panique
Panne de courant
Et rage de dents

    Comment veux-tu que mon refrain
    Chante les parfums des fleurs des îles
    Il pousse du grésil
    Sur mon jardin

Fleurs de grésil
Fleurs du Brésil
RCMP
Et sauce Chili
Télécouleur
Télédouleur
Noël disco
Pauvre Django

Panne de silence
Et panne d'enfance
Piano fermé
Cordes fanées
Fanées les roses
Et je n'arrose
Q'une rosée
De mots givrés

>	Comment veux-tu que mon refrain
>	Chante les parfums des fleurs des îles
>	Il pousse du grésil
>	Sur mon jardin

Salut Chaplin
Salut Gershwin
Salut Miron
Salut frissons
Les décibels
De ma ruelle
Ne me jouent plus
Vos chants perdus

>	Comment veux-tu que mon refrain
>	Chante les parfums des fleurs des îles
>	Il pousse du grésil
>	Sur mon jardin

1978

Décembre

Je sais qu'on se rencontrera
Un après-midi de décembre
Un soleil distraitement las
S'en viendra flâner dans la chambre
Où le hasard nous mènera
En ayant l'air de se méprendre
Mais je sais que tu seras là
Et que les rideaux seront tendres

Le destin sera clandestin
Qui posera sur notre table
Tant de musique et de raisins
Qu'il nous semblera regrettable
De ne pas en faire un festin
Et je sais que jusqu'à l'ivresse
Ensemble nous boirons le vin
Que nous servira la tendresse

Et puis je sais que nous aurons
Cette aventure familière
Dont tu es toujours sans raison
Et la première et la dernière
Et puis les enfants rentreront
Comme chaque jour de l'école
Ne restera qu'une chanson
De cette fête fauve et folle

1978

Les autoroutes

Toutes les autoroutes
Se ressemblent la nuit
Elles sont sans déroute
Et déroulent l'ennui
Des villes d'où elles viennent
Et des villes où elles vont
Mais jamais ne parviennent
À percer l'horizon

Et les phares se toisent
S'appellent sans espoir
Puis vitement se croisent
Et se noient dans le noir
Et le noir goutte à goutte
Les avale sans bruit
Toutes les autoroutes
Se ressemblent la nuit

Une radio lointaine
Fredonne au voyageur
Une musique ancienne
Qui le transporte ailleurs
À l'époque où ses rêves
Ressemblaient à demain
Et la mort fait la trêve
L'espace d'un refrain

C'est un sourire fade
Qui verse un faux café
Dans une fausse rade
Où le rêveur fané
Vient secouer ses doutes
Sans savoir s'il a fui
Sans savoir si sa route
Le ramenait chez lui
Toutes les autoroutes
Se ressemblent la nuit

1979

Tu vas voter

Tu vas voter demain mon père
Moi je n'ai pas encore ce droit
Aussi tu penseras j'espère
Que tu le fais un peu pour moi
Toi qui possèdes l'expérience
Tu dois savoir bien mieux que moi
Qu'il n'y aura pas d'autre chance
Qu'il n'y aura pas d'autre fois

Bien sûr j'ai pas fini d'apprendre
Quinze ans c'est bien jeune je sais
Mais c'est assez vieux pour comprendre
Ce que veut dire liberté
On n'a jamais vu dans l'histoire
Un peuple choisir d'effacer
Son propre nom de sa mémoire
Se mettre lui-même au passé

Je sais que ce n'est pas facile
Quand voilà plus de deux cents ans
Qu'on reste là peureux dociles
Bien à l'abri du changement
Mais le changement nous rattrape
Et c'est demain qu'est le tournant
Que s'ouvre ou se ferme la trappe
Sur l'avenir de tes enfants

S'il te fallait choisir nos chaînes
Si tu préférais l'autre croix
Tu me verrais partir sans haine
Prendre racine loin du froid
Quelque part en Californie
Où l'anglais se fait moins sournois
Mes fils n'auraient sans nostalgie
Qu'un vague passé québécois

Tu vas voter demain mon père
Moi je n'ai pas encore ce droit
Aussi tu penseras j'espère
Que tu le fais un peu pour moi
Toi qui possèdes l'expérience
Tu dois savoir bien mieux que moi
Qu'il n'y aura pas d'autre chance
Qu'il n'y aura pas d'autre fois

1979

Moman est là

Vingt-cinq ans dans 'cuisine
Les couches pis les comm'ssions
Le ménage, le lavage
Le r'passage pis les r'pas
Les enfants mettent même pas
Leur linge sale dans l'panier
Ben sûr, moman est là

Apporte-moi don' une bière
Viens don' voir mes devoirs
Oublie don' pas de r'coudre
Les boutons d'mon manteau
Pourrais-tu faire les comptes
Pis mon rapport d'impôt
Ben sûr, moman est là

    Et lui prend son bonbon
    Tous les vendredis soir
    L'air de mettre un trente sous
    Dans sa machine à Coke
    Quand la machine veut pas
    Y prend son Coke ailleurs
    Son Coke ou son cognac
    Ça dépend des humeurs

Mais a sort les vidanges
Pis a s'occupe du chat
La première à se l'ver
La dernière à s'coucher
A' pas l'temps d'être malade
A' trop d'ouvrage pour ça
Ben sûr, moman est là

Un soir y sont rentrés
Moman était pus là
Ni le lendemain soir
Ni le surlendemain
Au bout de quelque temps
Les enfants l'ont revue
Plus jeune et plus jolie
Qu'ils ne l'avaient connue

Mais lui n'a jamais su
Ni pourquoi ni comment
La femme qui le servait
Avait sacré son camp
Un film américain
Sans le baiser d'la fin
The End – et puis voilà

1979

Le coup du téléphone

J'm'ennuyais, j'm'ennuyais
J'me suis dit: «J'vas m'téléphoner»
J'm'ennuyais, j'm'ennuyais
J'me suis dit: «J'devrais m'téléphoner
Pour prendre de mes nouvelles
Pis pour me désennuyer»

Mais comme j'étais pas là
J'ai répondu que j'étais sorti
Mais comme j'étais pas là
J'ai répondu que j'étais sorti
Y a des appels comme ça
Dont faut se méfier la nuit

Quand même j'ai bien noté
Mon numéro sur un bout d'papier
Quand même j'ai bien noté
Mon numéro sur un bout d'papier
Mais c'était du papier à rouler
J'm'ennuyais, pis j'ai fumé

Plus tard quand j'suis rentré
J'ai ben vu dans mon cendrier
Plus tard quand j'suis rentré
J'ai ben vu dans mon cendrier
Un mégot écrasé
J'ai jamais pu me rappeler

1979

Quelque part dans un bar

Quelque part dans un bar
D'une ville anonyme
Un homme est seul
Il fixe vaguement son verre
Qu'il ne boit pas

Plus au fond dans le bar
Une femme très belle
Est assise aussi seule que l'homme
Et fume lentement

> C'est peut-être Tristan
> Et c'est peut-être Iseut
> Ils ont tellement l'air
> D'un air inachevé
> L'air d'une ancienne histoire
> Qui veut recommencer
> D'un destin sans hasard
> Où tout peut arriver

Quelque part dans un bar
D'une ville anonyme
Un homme est seul
Il vide vitement son verre
Et puis s'en va

Plus au fond dans le bar
Une femme très belle
Est assise et refait son rouge
Distraitement
Et reste là

1979

Une fois pour toutes

Finissons-en une fois pour toutes
Une fois pour toutes finissons-en
Pensons-y donc une fois pour toutes
Une fois pour toutes pensons-y donc

> Tout s'rait si simple si dans vingt ans
> On dev'nait tous discrètement
> Des Américains à plein temps

> Tout l'monde s'rait tell'ment soulagé
> Si on r'dev'nait les protégés
> De Sun Life et de Cadbury

Finissons-en une fois pour toutes
Une fois pour toutes finissons-en
Pensons-y donc une fois pour toutes
Une fois pour toutes pensons-y donc

> On pourra garder la Saint-Jean
> Notre folklore et nos beaux chants
> *Gens du pays* et *V'là le bon vent*

> Et si tout s'passe comme ils le veulent
> Ils vont nous laisser faire tout seuls
> La feuille d'érable pour linceul

Finissons-en une fois pour toutes
Une fois pour toutes finissons-en
Pensons-y donc une fois pour toutes
Une fois pour toutes pensons-y donc

1979

La banlieue

À vingt minutes du centre-ville
J'habite une jolie maison
Dans une banlieue propre et tranquille
Loin du bruit et d'la pollution
Chaque matin je me réveille
Dans la fidèle fatalité
De l'autoroute où s'embouteillent
Les travailleurs bien cravatés

Je suis de la classe moyenne
Ça veut dire que j'suis endetté
Jusqu'au jour où la mort survienne
Car pour la mort, j'suis assuré
Mais pour la vie c'est la finance
À qui j'dois tout: mon bungalow
Mon frigidaire et mes vacances
Mes plants d'tomates et mon auto

J'ai deux enfants qui sont mon âme
Et que j'adore évidemment
Comme leur maman qui fut la femme
Dont autrefois j'étais l'amant
Mais maintenant c'est l'habitude
Où l'on fait semblant d'être heureux
Et qui connaît la solitude
Sait qu'elle est plus terrible à deux

Parfois je rêve à mon enfance
Et dans le bar de mes vingt ans
Je trinque à ma dernière chance
En pensant qu'il est encore temps
Mais le chanteur ne veut plus boire
Il est trois heures et tout s'éteint
La serveuse compte ses pourboires
Le hasard déjoue le destin

À vingt minutes du centre-ville
J'habite une jolie maison...

1979

La règle du jeu

La règle du jeu, c'est qu'il n'y en a pas
Le terrain c'est la coulisse
Les anciens enfants qui s'amusent là
Sont tous plus ou moins complices
Certains jouent les bons, d'autres les méchants
La pièce n'est jamais très drôle
Et pour y voir clair il faudrait souvent
Savoir inverser les rôles

La règle du jeu, c'est qu'il n'y en a pas
Et dès que l'on joue l'on triche
Mais bizarrement ceux qu'on ne prend pas
Ne sont jamais les moins riches
C'est pas compliqué pour être invité
À la barre des parjures
Il suffit de dire toute la vérité
Bien entendu je le jure

La règle du jeu, c'est qu'il n'y en a pas
Tout s'est tramé sous la table
Ce qu'on en a su n'est qu'un cinéma
Trafiqué par les coupables
Quant aux innocents ne les cherchez plus
Ils se taisent ou sont sous terre
L'affaire est classée, le jugement lu
Prenez garde à vos colères

1980

Chanson-thème de la pièce L'enquête *de
Guy Dubé et Frank Fontaine.*

La ficelle

J'ai coupé la ficelle
Du plus haut cerf-volant
Dessiné sur ses ailes
Mes images d'enfant
Un chat blond, une orange
Un vieil harmonica
Gare à qui le dérange
Il s'en repentira

J'ai rompu les amarres
De mon dernier bateau
Et tout seul sur la mare
Il joue à prendre l'eau
Laissez-lui son naufrage
C'est un jeu familier
Il n'a pas le courage
De vraiment s'abîmer

Moi je suis sur la rive
Je veille mes amours
Dont les jeux de dérive
Ont bien d'autres détours
Et mes jours vagabondent
Sans patrie désormais
Le plaisir de ma blonde
Est un pays parfait

1980

La cage d'oiseau

Dans la fumée où s'esquissent et s'effacent
Les masques flous des invités fugaces
Ça sent l'encens, le Maroc et la *Main*
Ça danse le rock, le tango et le *plain*
Le Roi de Pique vient de porter un toast
Aux fiançailles de Vénus et de Faust
Un travesti joue le *Satiricon*
Pendant que seul, suspendu au plafond

> Le musicien, dans sa cage d'oiseau
> Les yeux bandés, tape sur son piano
> Il ne sait pas que juste en bas
> Sa blonde vient d'ôter ses bas
> Il ne sait rien
> Le musicien

Le stroboscope trame une pantomime
Dans le hasard des gestes anonymes
Où les acteurs transgressent à qui mieux mieux
Les interdits d'un Dali de banlieue
Quand tout à coup, au bout du *follow spot*
Grotesquement, dans une sorte de grotte
La Vierge nue secoue ses cheveux blonds
Sur un faux blues que du fond du plafond

> Le musicien, dans sa cage d'oiseau
> Les yeux bandés, tape sur son piano
> Pas de repos pour le repas
> Que sa blonde offre juste en bas
> Il ne voit rien
> Le musicien

La fin du show est une chose hirsute
Où le piano descend en parachute
Dans un fracas d'où sortent les oiseaux
Public debout, saluts, rideau, bravos
Et puis déjà voilà que minuit sonne
Dans le théâtre il n'y a plus personne
Furtivement chacun s'est rhabillé
Et Cendrillon a rangé son soulier

    Le musicien, sans cage et sans piano
    Rentre chez lui en douce, incognito
    Avec sa blonde il dormira
    Demain c'est elle qui ramènera
    Pianissimo
    Mine de rien
    Tous les oiseaux
    Du musicien

1980

Venir au monde

Les moulins à vent sont à vendre
Tous les enfants sont devenus grands
Les derniers fous n'ont qu'à se rendre
L'hiver s'est trompé de printemps
Et l'on souscrit des assurances
On fait l'épargne de son cœur
On compte-goutte ses imprudences
On a tellement peur d'avoir peur

Venir au monde
Une autre fois revoir le jour
Mais cette fois
Naître de ses propres amours
Se mettre au monde
Couper tous les cordons d'avant
Pour simplement
Redevenir son propre enfant

S'il est possible de renaître
Je recollerai tous les éclats perdus
Des anciennes fenêtres
Et je ne vivrai plus
Que pour devenir mon propre veuf
Pour enfin tout recommencer
Avec le corps et le cœur neufs
Sans avenir, mais sans passé

Venir au monde
Ouvrir les yeux, tendre les bras
Que chaque fois
Soit la première tant qu'il faudra
Se mettre au monde
À chaque jour, à chaque instant
Pour simplement
Redevenir son propre enfant

1980

Carte postale

Dans le ventre engourdi
De l'avion qui grignote
En l'émiettant, la nuit
Les voyageurs repus
Sous l'écran qui clignote
Ne parlent presque plus
Le film est ennuyeux
Un soldat meurt au front
Une femme se voile
En bas les derniers feux
Des dernières maisons
Questionnent les étoiles

Moi je suis là tout seul
Casqué sous la musique
D'un vieux jazz où s'engueulent
Les accords délirés
D'un Bechet nostalgique
D'un Grappelli ailé
J'improvise des mots
Qui ramènent toujours
Les parfums de ma blonde
Collé sur le hublot
J'invente à nos amours
Leur premier tour du monde

Déjà le soleil blanc
Vient cuivrer les nuages
D'un jour éclaboussant
Et déjà c'est Roissy
Les rampes les bagages
Les matins de Paris
Mais Paris sans tes yeux
Déjà ne m'est plus rien
Qu'une trop longue escale
Triste comme le bleu
Du ciel de Saint-Germain
Sur ma carte postale

1981

Clandestins

Quelques fois ma maîtresse
D'autres fois ma sœur
Quelques fois mon ivresse
D'autres fois ma peur
Quelques fois ma sagesse
D'autres fois ma folie
Mais toujours en amour
Mon amour mon amie

Sans papiers, sans bagages
Et sans corde au cou
Sans licou, sans tapage
Et sans rien que nous
Clandestins, on voyage
Fiancés de la vie
Et toujours en amour
Mon amour mon amie

Aujourd'hui la tendresse
Fête nos vingt ans
Et pourtant la jeunesse
Est toujours devant
Le plaisir qui nous tresse
Qui nous blesse et nous lie
C'est nous deux en amour
Mon amour mon amie

1981

Le croque-mort à coulisse

Il était embaumeur mais jouait du trombone
Et les jours où personne ne daignait trépasser
Seul entre ses cercueils et son vieux gramophone
Il prenait des chorus avec Tommy Dorsey

Y a pas de sot métier comme le dit le proverbe
Et s'il faut que la mort soit votre gagne-pain
Tout plutôt que l'armée, vive les pompes funèbres
C'est moins dur que docteur et plus sûr qu'assassin

Donc il était croque-mort et battait la mesure
Tout en déboutonnant trois ou quatre bémols
Sa fiancée cachée, son unique aventure
C'était son instrument parfumé de formol

Pour le reste il était toujours de circonstance
Chagrin pour escroquer les veuves tout en pleurs
Discret pour encaisser les chèques d'assurance
Artiste pour monter les Cadillac en fleurs

Lorsque la mort le remercia de ses services
On trouva son trombone serré contre son corps
On l'appelle depuis le croque-mort à coulisse
Et sur sa pierre on lit, gravé en lettres d'or:

«Il était embaumeur mais jouait du trombone
Et les jours où personne ne daignait trépasser
Seul entre ses cercueils et son vieux gramophone
Il prenait des chorus avec Tommy Dorsey»

1981

La corde de *la*

À Yves Albert

La corde de *la*
S'est cassée sur la
Guitare que tu m'avais laissée
En souvenir du temps
Innocent d'antan
Qu'ensemble nous avions traversé

Y résonnent encore
Les lointains accords
Des belles chansons démodées
Qu'aux amis secrets
Le soir tu chantais
«Où sont donc nos vingt ans, Fredé?»

La corde de *la*
De cette guitare-là
Jamais je ne la remplacerai
Jamais je ne la remplacerai

1982

Partis de zéro (À frais virés)

Bien sûr on connaît votre histoire
Pour l'avoir lue dans vos journaux
Un peu trop souvent pour y croire
Vous êtes partis de zéro
Vos succès n'ont pas de mystère
Et qui pourrait vraiment douter
Que vous connaissiez la misère
À voir comment vous l'exploitez

Sur les patios de vos piscines
Vous auscultez votre dollar
Puis vous fermez quelques usines
Entre les filles et le caviar
Un double scotch pour le courage
Et vous voilà tout désolés
Que tant de gens soient en chômage
Que les jeunes veuillent plus travailler

Mais vous gagnez toutes les guerres
C'est vous qui vendez les canons
Des deux côtés de la frontière
C'est la morale des millions
S'il advient que vos cœurs faiblissent
Traqués par le fisc et l'ennui
Curieux, mais c'est toujours en Suisse
Que vous retombez sur vos skis

Vous avez l'œil électronique
C'est vous les communications
Vos larbins sont en politique
Ils passent à la télévision
Et si d'aventure un ministre
Un monseigneur, un président
Ne joue pas dans votre registre
Qu'il se méfie des accidents

L'inflation c'est votre bedaine
La déflation votre cerveau
La récession votre rengaine
Et la colère notre lot
Aimez-vous donc les uns les autres
Mais surveillez vos pantalons
Votre intérêt n'est pas le nôtre
Et sachez bien que nous savons
Et sachez bien que nous savons

1982

Rien à déclarer

Qu'avez-vous rapporté
Demande le douanier
Rien que des cigarettes
Lui répond le poète
Les parfums d'un corsage
Effleuré en chemin
Et toujours de passage
Quelques amis lointains

    — Rien d'autre à déclarer?
    — Non, rien d'autre.
    — Pas de souvenirs?
    — Non, pas de souvenirs...

Qu'avez-vous rapporté
Demande le douanier
Rien qu'un litre de vin
Répond le musicien
Des oublis, des silences
Des lettres jamais lues
Et trop peu d'innocence
Pour tout le temps perdu

    — Rien d'autre à déclarer?
    — Non, rien d'autre.
    — Pas de souvenirs?
    — Non, pas de souvenirs...

Qu'avez-vous rapporté
Demande le douanier
Le plaisir d'être heureuse
Lui répond l'amoureuse
Un soi-disant poète
Qui se croit musicien
Avec ses cigarettes
Et son litre de vin

    – Rien d'autre à déclarer?
    – Non, rien d'autre.
    – Pas de souvenirs?
    – Non, pas de souvenirs...

Rien à déclarer!

1982

Une erreur de calcul

J'suis v'nu au monde d'une erreur de calcul
Ma moman s'est trompée de pilule
Mon popa changeait trop de position
En sortant je soufflais dans l'condom

À l'école ma maîtresse m'a trompé
On m'a mis parmi les surdoués
J'ai appris à jouer d'la trompette
À genoux dans l'corps des majorettes

> C'est comme ça qu'j'suis tombé dans les bras
> D'une Barbie modèle Kāma-sūtra
> Qui m'a pris pour la flûte enchantée
> Au début j'étais tout enchanté

Jusqu'au jour où ma poupée chérie
A flippé sur mon jeu Atari
J'ai compris qu'elle était mélomane
Quand j'l'ai surprise avec mon walkman

> J'suis parti pour tromper mon ennui
> En camping Fischer-Price Safari
> J'essuyais le soir au fond des bois
> Chaque pleur de la biche aux abois

Je suis mort d'une erreur de calcul
Mon G.I. Joe prenait trop de pilules
Je suis mort d'une balle perdue
Je n'étais rien qu'un malentendu

1982

Le drop-out

Ça fait quinze ans que j'magasine
Au supermarché du savoir
Et si l'école c'est pas l'usine
J'suis pas payé pour le savoir
J'aurai mon diplôme en chômage
À la fin d'la prochaine session
J'peux déjà décoder l'image
Quand je r'garde la télévision

> J'sacre mon camp
> Maman
> Ton ti-gars
> S'en va

J'ai fait des maths et du basket
J'ai lu Astérix et Platon
J'ai dessiné dans les toilettes
Deux ou trois graffitis cochons
Je connais des gaz volatils
Qui tuent sans trace et sans odeur
J'ai même appris des choses utiles
Comme fucker les ordinateurs

> J'sacre mon camp
> Maman
> Ton ti-gars
> S'en va

J'veux dire merci à mes vieux maîtres
Merci pour la révolution
Un peu tranquille, il faut l'admettre
Pour ceux qui payent pas l'addition
Merci pour les cours de musique
Et bravo pour l'égalité
Ce qu'on fume à l'école publique
On le sniffe à l'école privée

    J'sacre mon camp
    Maman
    Ton ti-gars
    S'en va

Y a pas d'couplet contre le système
J'suis déjà toutt' récupéré
On a chacun ses p'tits problèmes
Le mien, c'est juste d'être écœuré
Tant pis pour l'honneur d'la famille
J'décroche avant d'être en maudit
Ça fait quinze ans qu'on me gaspille
Je pars ailleurs voir si j'y suis

    J'sacre mon camp
    Maman
    Ton ti-gars
    S'en va

1983

Mettez d'la ouate (si ça fait mal)

Moi je me shoote aux décibels
Des Rolling Stones à Pachelbel
Mettez d'la ouate si ça fait mal
J'ai deux cents watts dans chaque canal

J'ai trafiqué tous les gadgets
Suffit qu'on vende pour que j'achète
Tout c'que j'demande, c'est qu'la musique
Sorte aussi fort qu'une tonne de briques

J'ai mon studio dans mon auto
Une vieille minoune – une Camaro –
J'la laisse rouiller pour éviter
Que les voleurs se laissent tenter

Mais quand je file sur l'autoroute
Pédale au fond, volume au boutte
Avec ma blonde en stéréo
C'est effrayant comme le monde est beau

Moi mon ampli, c'est mon seul cri
Ma seule maison, mon seul abri
Mon seul enfant contre les armes
Mon seul Kleenex contre les larmes

C'est mon missile contre le bruit
C'est mon Big Mac contre l'ennui
Des Rolling Stones à Pachelbel
Moi je me shoote aux décibels

Mettez d'la ouate si ça fait mal
J'ai deux cents watts dans chaque canal

1983

La badloque

C'est une vieille gomme qui t'colle au pied
Une dent qui tombe de ton dentier
C'est un Pepsi qu't'as renversé
Avant d'avoir bu une gorgée
C'est l'autobus qui t'passe au nez
En prenant soin d't'éclabousser
C'est pas trouver d'place pour pisser
En plein hiver, les pieds ben gelés
La badloque, la badloque
La badloque...

C'est fidèlement tous les jeudis
Prendre ton billet pour la loterie
Pour fidèlement le vendredi
Voir que la luck t'a pas souri
C'est fidèlement tous les samedis
Vouloir prendre la brosse de ta vie
Pour te retrouver ben endormi
Après deux bières, deux bières et demie
La badloque, la badloque
La badloque...

C'est la belle job que t'as trouvée
Mais c'est la crise qu'est arrivée
Pis comme t'étais l'dernier rentré
Ben, t'es l'premier qu'on a clairé
C'est la belle fille que t'as crousée
Pour une fois, tout a ben marché
Mais depuis qu'a t'a consolé
Ben t'en finis pus de t'gratter
La badloque, la badloque
La badloque...

C'est une sorte de fatalité
Qui parle anglais pour t'écœurer
C'est une sorte de démocratie
Où t'es jamais du bon parti
C'est venir au monde pour un p'tit pain
Dans un pays de papier peint
Une espèce d'erreur historique
Perdue au nord des Amériques
La badloque, la badloque
La badloque...

1982

Rock, banana-split et crème-soda

C'était le temps des crinolines
Et des chaperons dans la cuisine
De la tévé en noir et blanc
J'avais quinze ans
Cours de latin, cours de philo
Courses en patins, Victor Hugo
Café du coin, quarante-cinq tours
Premier amour

> Rock, banana-split et crème-soda
> J't'emmène aux vues – moman veut pas...
> Rock, banana-split et crème-soda
> En attendant, on s'écrira

Changer d'horaire, changer de rue
Juste pour la voir sans être vu
Une photo d'elle dans le missel
Péché véniel
Retraite fermée, résolutions
Absolution sans contrition
Le tour de l'île dans une Edsel
Péché mortel

> Rock, banana-split et crème-soda
> Promis, juré, on fera pus ça
> Rock, banana-split et crème-soda
> On laisse passer deux ou trois mois

J'me sens tout seul, j'ai des boutons
Peut-être même la vocation
J'comprends pus rien aux dérivées
Je suis tilté
Comme une craie sur le tableau
On a cassé au dernier slow
Dernier frisson, dernier french kiss
Dernier Elvis

    Rock, banana-split et crème-soda
    J'ai jamais plus commandé ça
    Rock, banana-split et crème-soda
    Y a des parfums qu'on n'oublie pas...

1983

Tape ton pas, dompte ton pied

    Tape, tape ton pas
    Dompte, dompte ton pied
    Tape, tape ton pas
    Mais lâche lousse ton soulier

C'est à petits pas
Que la vie commence
C'est à petits pas
Que l'on fait ses premiers pas
C'est à petits pas
Qu'à son tour on entre dans la danse
Comme l'on en sort
Au dernier temps de la coda

    Tape, tape ton pas
    Dompte, dompte ton pied
    Tape, tape ton pas
    Mais lâche lousse ton soulier

Méfie-toi des pas
Qui passent en cadence
Et qui n'aiment pas
Que tu ne marches pas au pas
Méfie-toi des pas
Qui se prennent pour la providence
C'est jamais le pied
Qu'il faut pour danser la samba

    Tape, tape ton pas
    Dompte, dompte ton pied
    Tape, tape ton pas
    Mais lâche lousse ton soulier

Les plus jolis pas
Sont ceux de l'errance
C'est les premiers pas
Les pas perdus, les faux pas
C'est faire les cent pas
Sur le pas de porte de la chance
C'est se mettre à deux
Carrément les pieds dans les plats

    Tape, tape ton pas
    Dompte, dompte ton pied
    Tape, tape ton pas
    Mais lâche lousse ton soulier

1984

Musique d'Alain Lamontagne et Sylvain Lelièvre.

Dame de passage

C'était un soir de mai
À l'hôtel de septembre
Elle était trop jolie
Pour se tromper de chambre
Moi j'étais trop perdu
Pour ne pas la trouver
Et nous étions trop seuls
Pour ne pas nous aimer

>   Et pourtant ce n'était
>   Qu'une dame d'un soir
>   Qu'une dame de passage
>   Entrevue à travers
>   Les reflets des miroirs
>   D'un bar
>   De voyage

Comme une vieille amie
Comme une vieille amante
Elle a défait mon lit
Elle a défait ma vie
Avec l'air familier
Et les parfums subtils
D'une terre natale
En plein cœur de l'exil

      Et pourtant ce n'était
      Qu'une dame d'un soir
      Qu'une dame de passage
      Entrevue à travers
      Les reflets des miroirs
      D'un bar
      De voyage

Finis les soirs de mai
À l'hôtel de septembre
Et les dames jolies
Qui se trompent de chambre
N'est plus qu'une chanson
Qui me reparle d'elle
Dans chaque double jeu
Des glaces des hôtels

      Et pourtant ce n'était
      Qu'une dame d'un soir
      Qu'une dame de passage
      Entrevue à travers
      Les reflets des miroirs
      D'un bar
      De voyage

1985

Overdose

Des jours, elle me comblait de roses
Des jours, elle m'accablait pour rien
Des jours «morons», des jours moroses
Des jours magie, des jours matin

Des jours, il se passait des choses
Des jours, il ne se passait rien

    Je n'ai jamais pris d'overdose
    Je ne me suis jamais piqué
    Sauf aux épines de ses roses
    Sauf aux dards de ses doigts bagués

Elle avait ses métamorphoses
Entre l'amour et le dédain
Entre l'extase et la névrose
Entre la cour et le jardin

Des jours, il se passait des choses
Des jours, il ne se passait rien

    Je n'ai jamais pris d'overdose
    Je ne me suis jamais piqué
    Sauf aux épines de ses roses
    Sauf aux dards de ses doigts bagués

Et toujours en mon cœur, enclose
J'ai gardé de ce temps mutin
La mémoire des jours de roses
La mémoire des jours de rien

Des jours qu'il se passait des choses
Des jours qu'il ne se passait rien

    Je n'ai jamais pris d'overdose
    Je ne me suis jamais piqué
    Sauf aux épines de ses roses
    Sauf aux dards de ses doigts bagués

1985

Musique de Vic Angelillo.

Une lampe s'allume

Une lampe s'allume
Une lampe s'éteint
Une épaule s'allume
Une épaule s'éteint

Sur la table un bouquet
Se fane et puis renaît
Un ruisseau s'endort
Une étoile se lève

Une lampe s'allume
Une lampe s'éteint
Une épaule s'allume
Une épaule s'éteint

Et toujours un enfant
S'amuse de son corps
Au milieu d'un jardin
Qu'il dessine à mesure

Une lampe s'allume
Une lampe s'éteint
Une épaule s'allume
Une épaule s'éteint

C'est notre simple vie
Chaque jour, chaque nuit
Et tes lèvres mouillées
C'est l'air que je respire

Une lampe s'allume
Une lampe s'éteint
Une épaule s'allume
Une épaule s'éteint

1985

Musique de Vic Angelillo.

Tu danses trop vite

Toi t'as tout, t'as tous les atouts
T'as le pique et le cœur
Tu me piques le cœur tout partout
Avec ton corps moqueur
T'as toujours, quel que soit l'hiver
Un trèfle à quatre feuilles
Un carreau à peine entrouvert
Où tes stores t'effeuillent

    Mais tu danses, tu danses, tu danses trop vite
    Et ta musique joue trop fort
    Mais tu danses trop vite et ta musique
    Joue trop fort

Toi t'as tout, t'as tous les états
T'as tous les états d'âme
D'Ève à Marie en passant par Mata
Hari, tu te fais femme
T'as toujours quelques états seconds
Sur ta liste d'attente
Un étang pour un vagabond
Une étoile insolente

    Mais tu danses, tu danses, tu danses trop vite
    Et ta musique joue trop fort
    Mais tu danses trop vite et ta musique
    Joue trop fort

Toi t'as tout, t'as tous les étés
Le plaisir et la plage
Et la voile et la volupté
Les vagues où l'on voyage
T'as toujours quelque soleil au poing
Comme un couteau rebelle
Toi t'as tout et moi je n'ai rien
Que ma chanson fidèle

> Mais tu danses, tu danses, tu danses trop vite
> Et ta musique joue trop fort
> Mais tu danses trop vite et ta musique
>
> Mais tu danses, tu danses, tu danses trop vite
> Et ta musique joue trop fort
> Mais tu danses trop vite et ta musique
>
> Mais tu danses, tu danses, tu danses trop vite
> Et ta musique joue trop fort
> Mais tu danses trop vite et ta musique
> Joue trop fort

1985

La lune grise

Ce soir la lune est un peu grise
On a trinqué
À la santé de nos valises
Et des pavés
Où l'on titube tous les deux
La lune et moi, on est poètes
Et sa valise – devine un peu –
C'est la planète

Ce soir la lune est un peu grise
On a causé
De ma valise et de Maryse
Que j'ai quittée
J'en pouvais plus, elle m'aimait trop
Moi, le bonheur, ça me pourrit
Et j'ai filé sans dire un mot
C'est pas joli

    Ça fait même pas deux nuits que j'suis parti
    Et quand j'essaie de téléphoner
    Elle me répond qu'c'est occupé
    Ça fait même pas deux nuits, mais je m'ennuie
    Je m'ennuie d'elle, pardonne-moi
    Mais con comme la lune, c'est moi

La lune a dit: «Si je suis grise
C'est que j'ai peur
Il y a une bombe dans ma valise
Y a pas d'erreur
Si tu veux la désamorcer
Je rends la Terre à tes baisers
C'est la seule sortie de secours
Pour tes amours

«Si tu veux la désamorcer
Je rends la Terre à tes baisers
C'est la seule sortie de secours
Pour tes amours

«C'est la seule sortie de secours
Pour tes amours

«C'est la seule sortie de secours
Pour tes amours

«C'est la seule sortie de secours
Pour tes amours...»

1985

T'en fais pas, tu l'auras

T'en fais pas, tu l'auras
Ton petit mouton de laine
Tu l'auras ton cinéma
Ta maman de fin d'semaine
Mais de grâce ne va plus
Chez mamie chiper des bières
Pour les vendre aux inconnus
C'est malin, mais c'est pas la manière

T'en fais pas, tu l'auras
Ton mois d'août près de la plage
Ton freezbee, ton rakima
Et tes glaces à la pistache
Mais promets de plus jamais
Me piquer mes cigarettes
T'as pas l'âge de fumer
Et demain, juré, moi je m'arrête

Si tu veux, on se loue
Un d'ces films d'épouvante
Si j'ai peur, tu me dis tout
Et tu prends ma main s'il vente
J'ai si peu, si peu de temps
Pour apprendre à jouer les pères
Et les mères en même temps
Serre-moi, ma biche buissonnière

Et si tu ne dors pas
Chante une berceuse
Chante une berceuse à ton papa

ELLE: T'en fais pas, tu l'auras
       Ton petit mouton de laine
       Tu l'auras ton cinéma
       Ta maman de fin d'semaine
       T'en fais pas, tu l'auras
       Ton mois d'août près de la plage
       Ton freezbee, ton rakima
       Et tes glaces à la pistache

       T'en fais pas...
       Tu l'auras...

1985

Lignes de cœur

Quand j'ai pris le chemin
Des lignes de ta main
Je me suis endormi
Sur ta ligne de vie
J'ai perdu la cadence
Sur ta ligne de chance
Désormais plus de fleurs
Sur ma ligne de cœur

Quand j'ai pris le parti
De la cartomancie
Je me suis égaré
Dans tes feuilles de thé
J'ai perdu le moral
Dans tes boules de cristal
Désormais que des pleurs
Sur ma ligne de cœur

    Et pourtant nos cartes du ciel
    En tous points s'accordaient
    Les maisons, le septième ciel
    Que de jolis aspects
    Ta Vénus chauffait mon Uranus
    Quand sur la queue du piano
    J'ai vu les cornes
    D'un Capricorne
    Qui jouait dans mon dos

Depuis que t'es plus là
J'ai plus trouvé le *la*
Plus de chansons jolies
Sur ma ligne de vie
Plus personne qui danse
Sur ma ligne de chance
Y a panne de secteur
Sur ma ligne de cœur

1985

Quand nous aurons gagné la mer

Quand nous aurons gagné la mer
Quand nous aurons reconnu la maison
Où nos amours intérimaires
Au grand soleil enfin s'éclateront
Quand nous n'aurons rien d'autre à faire
Que de laisser le jour éclabousser le lit
Que de laisser la nuit nous prendre en plein midi

> Tu n'auras rien sous ta chemise
> Rien que ma peur et ta peau
> Que ta jeunesse jamais soumise
> Et puis mes yeux sans repos
> Mais rien, rien sous ta dentelle
> Rien que ton ventre et tes seins
> Petits oiseaux rebelles
> Tout chauds venus poser leurs ailes
> Entre mes mains

Quand nous aurons gagné le soir
Derniers marcheurs de la morte-saison
Quand nous aurons la même histoire
Les mêmes mots pour la même chanson
Il fera doux à n'y pas croire
Et nous serons la soif et nous serons la faim
Chacun de l'autre infiniment jusqu'à la fin

Tu n'auras rien sous ta chemise
Rien que ma peur et ta peau
Que ta jeunesse jamais soumise
Et puis mes yeux sans repos
Mais rien, rien sous ta dentelle
Rien que ton ventre et tes seins
Petits oiseaux rebelles
Tout chauds venus poser leurs ailes
Entre mes mains

Quand nous aurons gagné la mer...
Où nos amours intérimaires
Au grand soleil enfin s'éclateront

1985

La clé du piano

On a retrouvé
La clé du piano
Elle était cachée
Dans un album de vieilles photos

On n'ose pas penser
Que ce soit mamie
Mais elle ne jouait plus
Après que grand-père soit parti

    Depuis ce temps-là
    Ils se sont rejoints
    Maman ne pense pas
    Qu'ils soient vraiment loin

C'est pour eux ce soir
Que je joue le slow
Qu'ils aimaient danser
Leur *Sweet Long Ago*
On a retrouvé
La clé du piano

1985

La lanterne magique

On a remisé dans le vieux hangar
Le train, les jonquilles et le chef de gare
Le violon d'Hélène, l'écharpe volée
C'est l'histoire d'un film jamais terminé
On n'était que trois, mais on était fous
Fous du cinéma, et l'on faisait tout
Depuis les sandwichs jusqu'à la photo
En passant par les effets spéciaux

> La lanterne magique a tout emporté
> La petite musique, le cœur à chanter
> La lanterne magique a tout emporté
> La petite musique, le cœur à chanter

Elle était jolie, j'étais musicien
Il était anglais et l'on s'aimait bien
Comme on faisait rien pour être compris
On n'était pas loin d'avoir du génie
C'était malgré moi, j'aimais répéter
Plus qu'il ne fallait la scène du baiser
Les lèvres d'Hélène, je les aurais bues
Quelque part, ça lui aura déplu

> La lanterne magique a tout emporté
> La petite musique, le cœur à chanter
> La lanterne magique a tout emporté
> La petite musique, le cœur à chanter

Le départ d'Hélène au petit matin
Avec mon ami, avec mon copain
On l'a pas tourné parce qu'il pleuvait trop
C'était pas non plus dans le scénario
Je suis resté seul dans le vieux hangar
Avec les jonquilles et le chef de gare
Le violon d'Hélène, l'écharpe volée
Mais la magie s'était envolée

    La lanterne magique a tout emporté
    La petite musique, le cœur à chanter
    La lanterne magique a tout emporté
    La petite musique, le cœur à chanter

1988

Tôt ou tard

À force d'avaler nos cheveux dans leur soupe
Un jour les bélugas couleront comme des chaloupes
Tôt ou tard
À force de bouffer nos excréments chimiques
Un jour les fruits de mer seront tous en plastique
Tôt ou tard
Et pour se rappeler comment c'était de l'eau
On se passera les films du commandant Cousteau
Ou alors simplement on se jouera *La mer*
« La mer qu'on voit danser le long des golfes clairs »

    Tôt ou tard, tôt ou tard
    Un jour il sera trop tard
    Un jour il sera trop tard

À force de triper jour et nuit sur l'acide
Un jour les pluies d'été n'arroseront que le vide
Tôt ou tard
À force de gazer l'ozone et l'atmosphère
Un jour on finira par bâtir le désert
Tôt ou tard
Et pour se rappeler à quel point c'était beau
Y aura toujours les vers de l'*Aube* de Rimbaud
Sinon quelques photos de vacances aux Antilles
Rescapées par hasard d'un album de famille

    Tôt ou tard, tôt ou tard
    Un jour il sera trop tard
    Un jour il sera trop tard

À force d'exploiter tout ce qui n'est pas nous
Qu'on pleure à la télé tant que c'est à genoux
Tôt ou tard
À force d'affirmer que nous sommes tous des frères
Du moment qu'on peut jouer au cowboy nucléaire
Tôt ou tard
Un jour on entendra sur une autre planète
Dans l'immense dérive de l'heure et des comètes
Une chanson qui dira comment c'était joli
Ce caillou dans l'espace où s'ébattait la vie

    Tôt ou tard, tôt ou tard
    Un jour il sera trop tard
    Un jour il sera trop tard

1988

Peine perdue

Laissez-la tranquille dans le fond du bar
Avec ses Camel, avec son cafard
Laissez-la trinquer avec ses souvenirs
À la santé de l'avenir
Elle sait plus comment déployer ses ailes
Laissez-la rentrer sagement chez elle
Laissez-la dealer avec son whisky
Sa guitare et sa pharmacie

> Ce n'est qu'une peine d'amour banale
> Ce n'est qu'une peine perdue
> Ce n'est qu'une peine d'amour banale
> Bientôt ça ne saignera plus
> Bientôt ça ne fera plus mal

Laissez-la choisir la fin de l'histoire
Et pardonnez-lui si parfois, le soir
Quand des idées noires lui font la cour
Elle ne crie pas au secours
Elle sait plus comment arroser ses plantes
Elle avait vingt ans, elle en paraît trente
Frappée dans le dos, touchée en plein cœur
Laissez-la douter du bonheur

> Ce n'est qu'une peine d'amour banale
> Ce n'est qu'une peine perdue
> Ce n'est qu'une peine d'amour banale
> Bientôt ça ne saignera plus
> Bientôt ça ne fera plus mal

Laissez-lui le temps de fermer les livres
Et de s'étonner quand le goût de vivre
Viendra la surprendre au sortir du lit
Plus pâle, mais bien plus jolie
En flagrant délit de savoir encore
Saluer le soleil à travers les stores
En flagrant délit de tendre les bras
Laissez-la marcher jusque-là

>Ce n'est qu'une peine d'amour banale
>Ce n'est qu'une peine perdue
>Ce n'est qu'une peine d'amour banale
>Bientôt ça ne saignera plus
>Bientôt ça ne fera plus mal

1988

Quelque part un enfant

Il y a quelque part un enfant qui m'appelle
Il y a quelque part un enfant
Au Brésil, au Sahel ou bien dans ma ruelle
Il y a quelque part un enfant
C'est un enfant de moi que je ne connais pas
Mais j'entends quelque part qu'il a faim
Est-ce le vin joli de nos joyeux repas
Je l'entends dans mon ventre qui me tend la main
Je l'entends qui me tend la main

Il y a quelque part un enfant que j'oublie
Il y a quelque part un enfant
Qu'il soit en Palestine ou qu'il soit près d'ici
Il y a quelque part un enfant
C'est un enfant de moi que je ne connais pas
Mais je sais qu'il exige de l'eau
Est-ce le vin joli de nos joyeux repas
Je le vois dans mon ventre et je le trouve beau
Je le vois et je le trouve beau

Il y a quelque part un enfant qui m'attend
Il y a quelque part un enfant
Qu'il soit de Soweto, qu'il soit noir, jaune ou blanc
Il y a quelque part un enfant
C'est un enfant de moi que je ne connais pas
Mais je sais qu'il veut pas de cadeaux
Est-ce le vin joli de nos joyeux repas
Je le sens dans mon ventre avec son couteau
Je le sens avec son couteau

Il y a quelque part un enfant qui m'appelle
Il y a quelque part un enfant
Au Brésil, au Sahel ou bien dans ma ruelle
Il y a quelque part un enfant
Il y a quelque part un enfant
Il y a quelque part un enfant

1989

Je flâne en chemin

J'ai jamais su rentrer dans l'rang
Jamais su devenir grand
J'ai toujours eu peur dans la noirceur
Et dans les ascenseurs
Loin des foules et loin des autoroutes
J'préfère les p'tites routes
Et tout seul sur ma planche à destin
Je flâne en chemin
Je flâne en chemin

J'ai jamais su marcher au pas
Jamais su donner le *la*
C'est toujours trop tôt ou trop tard
Jamais le bon départ
Tant qu'il reste un rendez-vous manqué
Un ami sur un quai
Tant qu'le cœur me prend par la main
Je flâne en chemin
Je flâne en chemin

    On sait pas
    Où on s'en va
    Ni d'où on vient
    Sous la toile
    Des étoiles
    On est rien

Et je m'attarde en attendant
Tant qu'il y a des fleurs des champs
Tant qu'il y a du jazz dans les pianos
Et du vin dans l'tonneau
Je m'attarde à prendre le meilleur
Avant d'aller ailleurs
Voir si les anges ont des ailes ou des seins
Je flâne en chemin
Je flâne en chemin

    On sait pas
    Où on s'en va
    Ni d'où on vient
    Sous la toile
    Des étoiles
    On est rien

Je flâne en chemin...
Je flâne en chemin...

1989

Tout ça pour tromper l'ennui

Elle a des rêves adolescents
De princesse au bois dormant
Mais à trente ans, elle a pas l'temps
D'attendre cent ans
Et le soir quand elle sort danser
Elle abandonne au hasard
Le choix du prince et du baiser
Dans les sous-bois des bars

    Tout ça pour tromper l'ennui
    Tout ça pour tromper la peur
    Tout ça pour pas rester toute seule la nuit
    À voir passer les heures

De Marilyn à Madonna
Elle cherche un look qu'elle a pas
Elle se trouve toujours moins jolie
Que toutes ses amies
L'amour c'est comme en auto sport
C'est pas la peine de monter
Si t'as pas l'goût d'frôler la mort
Si t'as pas l'goût d'risquer

    Tout ça pour tromper l'ennui
    Tout ça pour tromper la peur
    Tout ça pour pas rester toute seule la nuit
    À voir passer les heures

Tout ça pour un appartement
Qui n'a pas d'sens autrement
Tout ça pour contourner l'habitude
Pour pas la solitude

Tout ça pour tromper l'ennui
Tout ça pour tromper la peur
Tout ça pour pas rester toute seule la nuit
À voir passer les heures
À voir passer les heures

1989

Un aller simple

Chaque fois que je vois dans le ciel
La trace d'un avion
J'imagine un arc-en-ciel
Pour les piétons
J'peux passer des heures à rêver
Dans les aérogares
Le bout du monde est à côté
Du moment qu'on s'égare
Du moment qu'on s'égare

    Un aller simple pour ailleurs
    Loin d'l'hiver et d'la pluie
    Un aller simple pour ailleurs
    Là où c'est aujourd'hui
    Où tout est nouveau, tout est meilleur
    Là où la vie prend le temps
    Un aller simple pour ailleurs
    Et pour longtemps
    Un aller simple pour ailleurs
    Et pour longtemps

Chaque fois que j'vois sur des affiches
L'ombre bleue d'un palmier
Sur la peau d'une fille qui s'en fiche
« T'es pas le premier... »
Les yeux sur l'écran des départs
Je fixe et j'ai peur
Mais j'ai que les moyens du bar
Jamais voyageur
Jamais voyageur

Un aller simple pour ailleurs
Loin d'l'hiver et d'la pluie
Un aller simple pour ailleurs
Là où c'est aujourd'hui
Où tout est nouveau, tout est meilleur
Là où la vie prend le temps
Un aller simple pour ailleurs
Et pour longtemps
Un aller simple pour ailleurs
Et pour longtemps

1989

Place T'ien an Men

J' t'ai vu à la télé place T'ien an Men
Pantomime égaré devant les chars d'assaut
Ils avançaient vers toi place T'ien an Men
Mais toi, tu continuais tes grands gestes d'oiseau
Soudain tout a stoppé place T'ien an Men
Des tourelles un à un sont sortis les soldats
Tu montais les saluer place T'ien an Men
C'était pour la tendresse un premier coup d'État
Un premier coup d'État

On vous a laissés jouer place T'ien an Men
Tout le temps qu'il fallait pour vous prendre en photo
Filmés, fichés, fichus place T'ien an Men
Comme à Prague autrefois ou comme à Santiago
Vous étiez tous piégés place T'ien an Men
Quand la fête d'un coup est devenue l'abattoir
C'est comme partout ailleurs place T'ien an Men
Du moment qu'il s'agit de massacrer l'espoir
De massacrer l'espoir

Et puis tout s'est brouillé place T'ien an Men
Il paraît qu'on t'a pris, mis à mort sur-le-champ
Pour entrave à la paix place T'ien an Men
Et qu'on a facturé la balle à tes parents
Aujourd'hui l'ordre règne place T'ien an Men
Y a plus d'crottes de pigeon su'l'mausolée d'Mao
Mais pour moi désormais place T'ien an Men
C'est ta danse à jamais devant les chars d'assaut
Devant les chars d'assaut

Aujourd'hui l'ordre règne place T'ien an Men
Y a plus d'crottes de pigeon su' l'mausolée d'Mao
Mais pour moi désormais place T'ien an Men
C'est ta danse à jamais devant les chars d'assaut
Devant les chars d'assaut

1989

Musique de Vic Angelillo.

Ne coupe pas le mûrier

C'est un paysage toujours étonné
Que les condos l'aient pas bouffé
Y a le p'tit village toujours accroché
Entre la mer et l'été
Et puis y a l'mûrier sauvage
Qui sert de café du coin
À tous les oiseaux d'passage
Y en a qui viennent de très loin

> Non, ne coupe pas le mûrier
> Le paysage
> À jamais serait amputé
> Non, ne coupe pas le mûrier
> Ce serait dommage
> Qu'on refasse plus chaque été l'voyage
> Non, ne coupe pas le mûrier
> Ne coupe pas le mûrier

C'est un bout d'espace encore épargné
Un horizon oublié là
Tant pis si les fruits souillent le plancher
De la petite véranda
Mais sans le mûrier, personne
N'entendrait l'oiseau moqueur
Imiter le téléphone
Tous les matins à cinq heures

Non, ne coupe pas le mûrier
Le paysage
À jamais serait amputé
Non, ne coupe pas le mûrier
Ce serait dommage
Qu'on refasse plus chaque été l'voyage
Non, ne coupe pas le mûrier
Ne coupe pas le mûrier

1989

Musique de Vic Angelillo.

Au milieu de nous deux

Au milieu de nous deux, y a cet amour si tendre
Si tendre qu'on a peur qu'il s'égare en chemin
Dès qu'on le croit perdu, c'est lui qui vient nous prendre
Comme un enfant nous prend quand il nous prend la main

Au milieu de nous deux, y a des airs de voyage
Des soleils jamais vus, des masques qui font peur
Mais plus on prend le temps et moins on prend de l'âge
Au milieu de nous deux, y a des bateaux-passeurs

>Au milieu de nous deux, il y a le temps qui passe
>Sans jamais avoir l'air d'être le temps qui fuit
>Et plus les jours sont courts et moins il y a d'espace
>Pour tout ce qui n'est pas toi et moi aujourd'hui

Au milieu de nous deux, y a toujours un mystère
Une chambre d'hôtel, un prochain rendez-vous
Un vertige volé à l'usage ordinaire
Y a toujours quelque part un ailleurs entre nous

Au milieu de nous deux, y a des instants magiques
Pris à la dérobée à même le parcours
Quand on oublie les mots, y a toujours la musique
Au milieu de nous deux, y a des sorties d'secours

>Au milieu de nous deux, il y a le temps qui passe
>Sans jamais avoir l'air d'être le temps qui fuit
>Et plus les jours sont courts et moins il y a d'espace
>Pour tout ce qui n'est pas toi et moi aujourd'hui

1989

Pantalon gris et veston bleu

Je suis d'une espèce menacée
Une espèce en voie d'extinction de voix
Ni autochtone, ni cétacé
« La destinée, la rose au bois... »
J'ai des silences qui sont des cris
Des bémols qui sont des abris frileux
Et des blues en pantalon gris
Sur des accords en veston bleu
Sur des accords en veston bleu

Je vis deux pouces en bas d'la carte
À côté d'la track, du côté du cœur
J'habite un vieux château de cartes
Angle Sherbrooke et Gît-le-Cœur
J'ai passé l'âge en contrebande
Et laissé le reste aux soins du hasard
J'ai jamais fait partie d'la bande
Sinon pour faire bande à part
Sinon pour faire bande à part

Dans ma petite cour fragile
Quand revient l'automne, y a les écureuils
Il faut les voir – danseurs agiles! –
Donner leur show sur le tilleul
Dans la maison, y a mon piano
– Mon premier baiser, mon dernier naufrage –
Où sur l'ancien métier des mots
Quelque chanson dort à l'ouvrage
Quelque chanson dort à l'ouvrage

J'ai des silences qui sont des cris
Des bémols qui sont des abris frileux
Et des blues en pantalon gris
Sur des accords en veston bleu

Et des blues en pantalon gris
Sur des accords en veston bleu

1993

Les mots perdus

J'ai cassé
Les mots
Comme un miroir
En mille morceaux
J'ai plus rien
Que des bouts
Dans ma bouche
Comme des cailloux

Et je suis
À bout
À bout de phrases
À bout de tout
De silence
Et surtout
De ces yeux
Qui me fuient partout

    Il y a comme un casse-tête
    Éclaté dans ma tête
    Et les mots sont perdus
    Et les mots sont perdus
    Il y a cent mille trous de mémoire
    Dans ma nuit noire, noire
    Et les mots sont perdus

Rendez-moi
Les mots
Les mots jolis
De tous les jours
Mot à mot
S'il le faut
J'en ferai
Que des mots d'amour

    Il y a comme un casse-tête
    Éclaté dans ma tête
    Et les mots sont perdus
    Et les mots sont perdus
    Il y a cent mille trous de mémoire
    Dans ma nuit noire, noire
    Et les mots sont perdus

1993

Musique de Judith Gruber Stitzer, pour le film
Les mots perdus, *de Marcel Simard.*

Je descends à la mer

Les faisceaux des phares tracent
Des fantômes qui s'effacent
À mesure que l'ombre les reprend
Et je roule dans la nuit
Sur des routes où rien ne luit
Que la ligne blanche de temps en temps
Les clochers du Nouveau Monde
Flashent dans la nuit profonde
Néons géants de Shell ou de McDo
Un douanier de série B
Me fait signe de stopper
Where do you live and where do you go?

    Je descends à la mer où m'attend une femme
    Je descends à la mer où mon amour m'attend

Je n'ai rien laissé derrière
Qu'une prison familière
Dont j'étais moi-même le geôlier
Que des barreaux que j'avais
Tracés moi-même à la craie
Quand je n'étais encore qu'un écolier
Que des fudges et des cantiques
Des Messerschmitt en plastique
Des framboises et des baigneuses nues
Des dessins pleins de secrets
Des silences et le regret
D'une enfance à peine entraperçue

    Je descends à la mer où m'attend une femme
    Je descends à la mer où mon amour m'attend

Elle m'attend dans la brume
De la plage qui s'enfume
Dès qu'elle sort saluer le matin
Elle m'attend en plein cœur
Du chœur des oiseaux moqueurs
Entre l'instant où la nuit s'éteint
Et celui où l'aube arrose
Son corps de cuivre et de rose
C'est là qu'elle habite exactement
Entre toujours et jamais
Entre hier et désormais
Là qu'on a rendez-vous maintenant

    Je descends à la mer où m'attend une femme
    Je descends à la mer où mon amour m'attend

    Où mon amour m'attend

1993

Qu'est-ce qu'on a fait de nos rêves?

On rêvait de changer le monde
Est-ce le monde qui nous a changés
L'espoir qu'on semait à la ronde
Aujourd'hui nous semble étranger
On défilait pas toujours sages
En entonnant *Le déserteur*
Se peut-il qu'en prenant de l'âge
On déserte son propre cœur
On déserte son propre cœur

En échange de quelques roses
Offertes aux canons des fusils
On croyait que l'ordre des choses
Allait se mettre en fleurs aussi
On rêvait de changer la vie
Et de tout reprendre à zéro
Ça nous a donné la Bosnie
Et les amants de Sarajevo
Et les amants de Sarajevo

    Mais
    Qu'est-ce qu'on a fait de nos rêves
    Les rêves de nos vingt ans
    Qu'est-ce qu'on a fait de nos rêves
    Même trop fous, même trop grands
    Les rêves, les rêves
    Les rêves de nos vingt ans
    Les rêves, les rêves
    Les rêves de nos vingt ans

On rêvait d'un peu d'équilibre
Entre les pauvres et les nantis
Mais désormais pour être libre
Il faut la cote de crédit
Désormais partout sur la Terre
Bourgeois et prolétaires unis
N'ont plus qu'un hymne planétaire
L'internationale du Pepsi
L'internationale du Pepsi

    Qu'est-ce qu'on a fait de nos rêves
    Les rêves de nos vingt ans
    Qu'est-ce qu'on a fait de nos rêves
    Même trop fous, même trop grands
    Les rêves, les rêves
    Les rêves de nos vingt ans
    Les rêves, les rêves
    Les rêves de nos vingt ans

On rêvait aussi d'une terre
D'un pays qu'on croyait à nous
Mais y avait trop de propriétaires
Sorry thank you – excusez-nous
Sur *IBM* ou Macintosh
Ces choses-là n'ont que peu de poids
Alors c'est au plus fort la poche
Sauve qui peut et chacun pour soi
Sauve qui peut et chacun pour soi

Mais
Qu'est-ce qu'on a fait de nos rêves
Les rêves de nos vingt ans
Qu'est-ce qu'on a fait de nos rêves
Même trop fous, même trop grands
Les rêves, les rêves
Les rêves de nos vingt ans
Les rêves, les rêves
Les rêves de nos vingt ans

1993

SYLVAIN LELIÈVRE

QU'EST-CE QU'ON A FAIT DE NOS RÊVES ?

Voix — Piano

QU'EST-CE QU'ON A FAIT DE NOS RÊVES ?

Paroles et musique
SYLVAIN LELIÈVRE

MODERATO

1. On rêvait de changer le monde — Est-ce le monde qui nous a changés — L'espoir qu'on semait à ronde — Aujourd'hui nous semble étranger — On défilait pas toujours

© 1994 Éditions Basse-Ville (SOCAN, SODRAC)

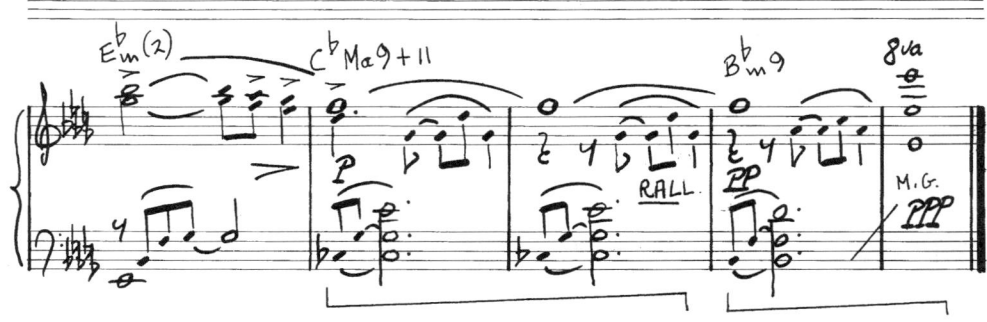

2. En échange de quelques roses
Offertes aux canons des fusils
On croyait que l'ordre des choses
Allait se mettre en fleurs aussi
On rêvait de changer la vie
Et de tout reprendre à zéro
Ça nous a donné la Bosnie
Et les amants de Sarajevo (bis)

3. On rêvait d'un peu d'équilibre
Entre les pauvres et les nantis
Mais désormais pour être libre
Il faut la cote de crédit
Désormais partout sur la Terre
Bourgeois et prolétaires unis,
N'ont plus qu'un hymne planétaire
L'Internationale du Pepsi (bis)

4. On rêvait aussi d'une terre
D'un pays qu'on croyait à nous
Mais y'avait trop de propriétaires
Sorry thank you – excusez-nous
Sur IBM ou Macintosh
Ces choses-là n'ont que peu de poids
Alors c'est au plus fort la poche
Sauve qui peut et chacun pour soi (bis)

SL, mai - septembre 1993.

Discographie

Disques 30 cm

Sylvain Lelièvre. Montréal, Le Nordet, GVN-1001, 1973.

> Toi l'ami — Notre vie — La partie de hockey — Hiroshima — Le fleuve — Commencez à vivre autrement — Dans l'île — Y a trop de morts — Quand je pense — Germinal — Le tricot

Petit matin. Montréal, Le Nordet, GVN-1006, 1975.

> Le blues du courrier — La basse ville — Du nord au sud — Petit matin — J'ai perdu trop de temps — Old Orchard — La complainte de l'enfant distrait — Tombouctou — L'invité — La valse du bonheur

Programme double. Montréal, Presqu'île, PE-7503, 1976.

> Marie-Hélène — Qui saura jamais — Aquarelle — Programme double — L'embellie — Drôle de pays — Le fleuve — Country Song — La chanson de Pierrot — Toi l'ami

Sylvain Lelièvre. Montréal, Presqu'île, PE-7509, 1978.

> Kerouac — Fleurs de grésil — Poucet et Chaperon — Le chanteur indigène — Chanson du bord de l'eau — Lettre de Toronto — Hiroshima — La vitre vide — Notre chambre — Le temps des chansons

Intersections. Montréal, Presqu'île, PE-7518, 1979.

> Tu vas voter — La banlieue — Moman est là — La nuit est douce — Provisoirement — Les autoroutes — Quelque part dans un bar — Le coup du téléphone — Décembre — Une fois pour toutes

Treize (compilation). Montréal, Disques Saint-Denis, SD-3003, 1980.

> Moman est là — Marie-Hélène — Petit matin — Le chanteur indigène — Le coup du téléphone — Programme double — Lettre de Toronto — Old Orchard — Le blues du courrier — Fleurs de grésil — La banlieue — Toi l'ami

Venir au monde. Montréal, Kébec-Disque, KD-529, 1981.

> Dans le métro — Carte postale — Le croque-mort à coulisse — La règle du jeu — Tombouctou — Venir au monde — La ficelle — Quand même — La cage d'oiseau — Clandestins

À frais virés. Montréal, Kébec-Disque, KD-569, 1983.

> Rien à déclarer — Le drop-out — Mettez d'la ouate (si ça fait mal) — La badloque — La complainte de l'enfant distrait — Rock, banana-split et crème-soda — Une erreur de calcul — La partie de hockey — La corde de *la* — À frais virés

Le chanteur indigène (compilation). Paris, Kébec-Disque, KD 569-RC 250, 1984.

> Lettre de Toronto — Rock, banana-split et crème-soda — Une erreur de calcul — Le drop-out — Le chanteur indigène — Petit matin — La badloque — Fleurs de grésil — Le coup du téléphone — Marie-Hélène

Lignes de cœur. Montréal, Kébec-Disque, KD-641, 1986.

> La lune grise — Quand nous aurons gagné la mer — Tu danses trop vite — T'en fais pas, tu l'auras — Lignes de cœur — Une lampe s'allume — Overdose — La dame de passage — La clé du piano

Disques compacts

Un aller simple. Montréal, Kébec-Disque, KDC-663, 1989.

> Je flâne en chemin — Au milieu de nous deux — Tout ça pour tromper l'ennui — Quelque part un enfant — Tôt ou tard — Un aller simple — Peine perdue — Place T'ien an Men — Ne coupe pas le mûrier — La lanterne magique

Ses plus belles chansons (compilation). Montréal, Kébec-Disque, KDC-672, 1991.

> Petit matin — Marie-Hélène — Lettre de Toronto — Kerouac — Fleurs de grésil — Le chanteur indigène — Chanson du bord de l'eau — Moman est là — La banlieue — Tombouctou — Le croque-mort à coulisse — Venir au monde — La complainte de l'enfant distrait — Le drop-out — T'en fais pas, tu l'auras

Qu'est-ce qu'on a fait de nos rêves? (enregistrement public). Montréal, Naïma, NAC-9401, 1994.

> Pantalon gris et veston bleu — Je descends à la mer — Qu'est-ce qu'on a fait de nos rêves? — Partis de zéro — Les amours anciennes — La cage d'oiseau — Dimanche trois quarts — Les mots perdus — Petit matin/Old Orchard — Tombouctou — Toi l'ami

Nous remercions Gilles Vigneault qui a aimablement autorisé la reproduction des chansons suivantes, tirées de *Entre écrire*, publié aux Nouvelles éditions de l'arc, coll. de L'escarfel, 1982:

Les amours anciennes; Aquarelle; Les autoroutes; Avec une craie blanche; La banlieue; La basse ville; Le blues du courrier; La cage d'oiseau; Carte postale; La chanson de Pierrot; Chanson du bord de l'eau; Le chanteur indigène; Les chemins sont durs; La complainte de l'enfant distrait; Country Song; Le croque-mort à coulisse; Dans l'île; Décembre; Du nord au sud; L'embellie; La ficelle; Fleurs de grésil; Le fleuve; Germinal; Il pleut il neige; L'invité; Kerouac; Lettre de Toronto; Lettre sans adresse; Marie-Hélène; Moman est là; Notre chambre; Notre fille; Notre vie; Le nouveau monde; Old Orchard; La partie de hockey; Partis de zéro (À frais virés); Petit blues pour Éric; Petit matin; Programme double; Quand même; Quelque part dans un bar; La règle du jeu; Rien à déclarer; Le temps de nous aimer; Le temps des chansons; Toi l'ami; Ton épaule m'attend; Le tricot; Venir au monde.

Index des chansons

À frais virés (Partis de zéro) 134
Amours anciennes (Les) 15
Aquarelle 49
Au milieu de nous deux 184
Autoroutes (Les) 112
Avec une craie blanche 16
Badloque (La) 143
Banlieue (La) 121
Basse ville (La) 84
Blues du courrier (Le) 71
Cage d'oiseau (La) 125
Carte postale 129
Chanson de Pierrot (La) 64
Chanson d'hiver 20
Chanson du bord de l'eau 19
Chanteur indigène (Le) 105
Cheminées (Les) 35
Chemins sont durs (Les) 34
Clandestins 131
Clé du piano (La) 165
Commencez à vivre autrement 56
Complainte de l'enfant distrait (La) 73
Corde de *la* (La) 133
Country Song 58

Coup du téléphone (Le)	118
Croque-mort à coulisse (Le)	132
Dame de passage	149
Dans l'île	47
Décembre	111
Drôle de pays	88
Drop-out (Le)	139
Du nord au sud	76
Embellie (L')	92
Ficelle (La)	124
Fleurs de grésil	109
Fleuve (Le)	24
Germinal	45
Hiroshima	26
Il pleut il neige	17
Invité (L')	66
J'ai perdu trop de temps	78
Je descends à la mer	189
Je flâne en chemin	174
Kerouac	97
Lanterne magique (La)	166
Lettre de Toronto	107
Lettre sans adresse	50
Lignes de cœur	161
Lune grise (La)	157
Marie-Hélène	95
Mettez d'la ouate (si ça fait mal)	141
Moman est là	116
Mots perdus (Les)	187
Moutons (Les)	60
Ne coupe pas le mûrier	182
Notre chambre	39
Notre fille	52
Notre vie	62
Nouveau monde (Le)	43

Nuit est douce (La)	99
Old Orchard	86
Overdose	151
Pantalon gris et veston bleu	185
Partie de hockey (La)	38
Partis de zéro (À frais virés)	134
Peine perdue	170
Petit blues pour Éric	32
Petit matin	67
Place T'ien an Men	180
Programme double	90
Quand je pense aux enfants	28
Quand même	41
Quand nous aurons gagné la mer	163
Quelque part dans un bar	119
Quelque part un enfant	172
Qu'est-ce qu'on a fait de nos rêves?	192
Qui saura jamais	92
Règle du jeu (La)	123
Rien à déclarer	136
Rock, banana-split et crème-soda	145
Sur la rue des regards perdus	69
Tape ton pas, dompte ton pied	147
Temps de nous aimer (Le)	30
Temps des chansons (Le)	101
T'en fais pas, tu l'auras	159
Toi l'ami	22
Tombouctou	80
Ton épaule m'attend	103
Tout ça pour tromper l'ennui	176
Tôt ou tard	168
Tu danses trop vite	155
Tricot (Le)	54
Tu vas voter	114
Un aller simple	178

Une erreur de calcul	138
Une fois pour toutes	120
Une lampe s'allume	153
Valse du bonheur (La)	82
Venir au monde	127
Vitre vide (La)	102
Y a trop de morts	37

Table

Préface	7
Les amours anciennes	15
Avec une craie blanche	16
Il pleut il neige	17
Chanson du bord de l'eau	19
Chanson d'hiver	20
Toi l'ami	22
Le fleuve	24
Hiroshima	26
Quand je pense aux enfants	28
Le temps de nous aimer	30
Petit blues pour Éric	32
Les chemins sont durs	34
Les cheminées	35
Y a trop de morts	37
La partie de hockey	38
Notre chambre	39
Quand même	41
Le nouveau monde	43
Germinal	45
Dans l'île	47
Aquarelle	49
Lettre sans adresse	50

Notre fille	52
Le tricot	54
Commencez à vivre autrement	56
Country Song	58
Les moutons	60
Notre vie	62
La chanson de Pierrot	64
L'invité	66
Petit matin	67
Sur la rue des regards perdus	69
Le blues du courrier	71
La complainte de l'enfant distrait	73
Du nord au sud	76
J'ai perdu trop de temps	78
Tombouctou	80
La valse du bonheur	82
La basse ville	84
Old Orchard	86
Drôle de pays	88
Programme double	90
L'embellie	92
Qui saura jamais	94
Marie-Hélène	95
Kerouac	97
La nuit est douce	99
Le temps des chansons	101
La vitre vide	102
Ton épaule m'attend	103
Le chanteur indigène	105
Lettre de Toronto	107
Fleurs de grésil	109
Décembre	111
Les autoroutes	112
Tu vas voter	114
Moman est là	116

Le coup du téléphone	118
Quelque part dans un bar	119
Une fois pour toutes	120
La banlieue	121
La règle du jeu	123
La ficelle	124
La cage d'oiseau	125
Venir au monde	127
Carte postale	129
Clandestins	131
Le croque-mort à coulisse	132
La corde de *la*	133
Partis de zéro (À frais virés)	134
Rien à déclarer	136
Une erreur de calcul	138
Le drop-out	139
Mettez d'la ouate (si ça fait mal)	141
La badloque	143
Rock, banana-split et crème-soda	145
Tape ton pas, dompte ton pied	147
Dame de passage	149
Overdose	151
Une lampe s'allume	153
Tu danses trop vite	155
La lune grise	157
T'en fais pas, tu l'auras	159
Lignes de cœur	161
Quand nous aurons gagné la mer	163
La clé du piano	165
La lanterne magique	166
Tôt ou tard	168
Peine perdue	170
Quelque part un enfant	172
Je flâne en chemin	170
Tout ça pour tromper l'ennui	176

Un aller simple	178
Place T'ien an Men	180
Ne coupe pas le mûrier	182
Au milieu de nous deux	184
Pantalon gris et veston bleu	185
Les mots perdus	187
Je descends à la mer	189
Qu'est-ce qu'on a fait de nos rêves?	192
Qu'est-ce qu'on a fait de nos rêves? (partition)	195
Discographie	201
Index des chansons	205

CET OUVRAGE
COMPOSÉ EN BODONI 12 POINTS SUR 14
A ÉTÉ ACHEVÉ D'IMPRIMER
LE SEPT AVRIL
MIL NEUF CENT QUATRE-VINGT-QUATORZE
PAR LES TRAVAILLEURS ET TRAVAILLEUSES
DES PRESSES DE L'IMPRIMERIE GAGNÉ
À LOUISEVILLE
POUR LE COMPTE DE
VLB ÉDITEUR.

IMPRIMÉ AU QUÉBEC (CANADA)